Ludwig Sternaux, Dorothea Hauer

Schattenspiel um Goethe

Ludwig Sternaux, Dorothea Hauer

Schattenspiel um Goethe

ISBN/EAN: 9783337358754

Hergestellt in Europa, USA, Kanada, Australien, Japan

Cover: Foto ©Thomas Meinert / pixelio.de

Weitere Bücher finden Sie auf **www.hansebooks.com**

Schattenspiel um Goethe

Schattenspiel um Goethe

Von
Ludwig Sternaux

Mit 49 Federzeichnungen von Dorothea Hauer

Bielefeld und Leipzig 1922
Verlag von Velhagen & Klasing

Louis Esternaux

dem gütigen Freunde früher Jahre
in dankbarer Erinnerung

Uns Lebende zieht Sehnsucht zu den Toten; hinweg von den Zahllosen, die uns umdrängen, die uns die warme Hand entgegenstrecken, in deren Augen wir lesen können, gehen wir einsamere Wege und beschwören die Gewesenen, die uns nicht Rede stehen. Wie Helden auf einer nächtlichen, von Sturm umrauschten Bühne sehen wir sie mit flatternden Gewändern, mit starken Gebärden die Geschichte ihres Lebens spielen und werden nicht müde, den tragischen und süßen Worten zu lauschen, die aus tiefer Vergangenheit abgerissen zu uns auftönen.

Ricarda Huch

Tiefurt und Wittumspalais

»O Weimar! Dir fiel ein besonder Los!«
Goethe

Frühlingssonne. Weimar funkelt. Regen hat über Nacht die Straßen blank gewaschen, daß sie wie Firnis glänzen. Alles atmet Duft und Morgenfrische. Da ist es gut, durch die Stadt zu wandern und sich wieder einmal das Märchen erzählen zu lassen, von dem sie nun schon hundert Jahre träumt.

Ein Weilchen steht man unschlüssig auf dem Marktplatz. Die braunen Giebel des Cranachhauses brennen in erster Glut, um Klauers Neptunbrunnen trippeln die Tauben, sehr lustig anzusehen, und bei Tietz werden gerade die Markisen heruntergelassen. Wohin zuerst? fragt Ungeduld ... Da, gleich um die Ecke, geht's zum Goethehaus. Die gelbe Front leuchtet durch die ganze Frauentorstraße. Da zur Esplanade. Oder, wie man jetzt ja sagen muß: zur Schillerstraße. Und da, an »Elephant« und »Erbprinz« vorbei, zum Park. Es lockt so vieles. Und da biegt man, stärkerer Lockung widerstehend, in die enge Windischenstraße neben dem Rathaus: Alt-Weimar tut sich auf.

Schmal die Gasse, schmal die Häuser: Zwielicht der Kleinstadt. Der Himmel nur ein blauer Streifen. Hier tollten die Ratsmädel der Böhlau, die Wildfänge. Das graue Haus da, es ist vielleicht das Kirstensche. Steingerank umzieht die Tür, unterm Dachsims hocken Putten: Rokoko, verstaubt und lieblich. Singsang, aus offnem Fenster wehend, beschwört Träume, Versunkenheit lächelt. Wo seid ihr jetzt, Röse und Marie?

Hier wohnte aber auch der Kanzler von Müller, Goethes

Freund und Testamentsvollstrecker. Eine schwarze Tafel meldet's. Man blickt versonnen zu den Fenstern hinauf. Gaben sie doch dem Tische Licht, an dem die »Unterhaltungen« niedergeschrieben wurden. Fama weiß dazu von Grüßen, die aus diesen Fenstern zu andern gegenüber wanderten, wo hinter wehender Gardine, hinter Blumenstöcken zuweilen Mädchenaugen leuchteten ... dann da wohnten die beiden jungen Gräfinnen Egloffstein mit ihrer Mutter, Julie und Lina, die eine, die Malerin, Goethes »schöne Schülerin«. Müller liebte die beiden hübschen Mädchen. Haben die's gewußt? Ich glaube: nein. Es war eine unglückliche Liebe, und es blieb bei Gruß und Lächeln.

Ja, es ist klassische Welt, die hier in Gassenenge dämmert. Drei Jahre lang, von 1797 bis 1801 auch Schiller-Welt ... was keine Tafel meldet. Denn hier, beim Perückenmacher Müller, wohnte Schiller, ehe er nach der Esplanade zog. Zwei Treppen hoch. Mieterin vor ihm war Charlotte v. Kalb gewesen, die geliebte. Wie anspruchslos, wie bescheiden, wie ärmlich Haus und Zimmer! Und, wie Schiller selbst klagt, auch recht »tumultarisch«. Die Kinder, der Lärm des nahen Markts, unter ihm der ewig musizierende Geheimrat v. Schardt, Frau v. Steins Bruder, störten ihn in der Arbeit. Trotzdem entstanden hier in der »Wünschengasse« eine »Maria Stuart« und die »Jungfrau«. Und viele von Schillers tiefsten, schwersten Gedichten.

Was keine Tafel meldet ...

Und leise wandelt sich die Chodowiecki-Szenerie in Mittelalter, in Gassengewinkel und uraltes Gemäuer. Grau und finster steigt das plötzlich auf, trägt schweres Dach und Erkerzierat, die Fensterscharten haben Butzenscheiben, Eisenzahlen, auf den Stein geschnörkelt, deuten in fernste Jahre.

Die Einfahrt zum Wittumspalais
der Herzogin Anna Amalia

»Am Palais«, erklärt das Straßenschild. Am Wittumspalais also, Anna Amalia Witwensitz. Da die Einfahrt! Auf den Torpfeilern bekränzte Urnen. Das allein ist Rokoko, ist Zopf.

Sonst ringsum veritables Mittelalter. Man denkt wirklich mehr an Herzog Wilhelm den Frommen, der hier Franziskanern-Barfüßern eine »Burg Gottes« errichtete, denn an Anna Amalia in Reifrock und Perücke. Als die Mönche der Reformation wichen, wurde die Klosterkirche Kornhaus. Die Bauern steuerten hier den »Zehnten«, und Fluch schwelte Jahrhunderte um die düsteren Mauern. Anno 1767 kam dann der allmächtige Minister von Fritsch, der Anna Amalia rechte Hand in den letzten Jahren ihrer Regentschaft für den unmündigen Carl August. Die Klostergebäude wurden umgebaut, mit neuen Flügeln an der nahen Stadtmauer ergab sich ein hübsches, bequemes Palais. Das Kornhaus selbst blieb, was es war, bis es unter Carl Alexander, Carl Augusts Enkel, Verwendung fand als Großherzogliche Musikschule. Das ist das Haus noch heute, wenn auch nicht mehr Großherzoglich, und wo einst feierliche Messen zelebriert wurden und der Weihrauch dampfte, üben die Musikschüler fleißig ihre Tonleitern. Mitunter aber dringt aus den kleinen Rundbogenfenstern auch Orgelklang, ganz dumpf, ganz verhalten, ein dunkles, geheimnisvolles Brausen. Dann ist es einem, als ob die alte Zeit wiedergekehrt wäre ...

Und ein paar Jahre später. 1774. Das Residenzschloß brennt nieder. Anna Amalia ist obdachlos. Das Belvedere? Ist Sommerresidenz. Hat nicht einmal Öfen. Da bietet Fritsch der Herzogin dieses sein neues Palais in der »Wünschen-Windischengasse«, sie nimmt es dankbar an. Und höfischer Prunk zieht in das einfache, fast bürgerlich bescheidene Haus, das nun den Namen »Wittumspalais« erhält.

———————————————

So die Historie.

Nun sieht das Wittumspalais heute freilich etwas anders

aus, als man es sich in jenen Tagen seines höchsten Glanzes vorstellen darf. Hundert Jahre sind eine lange Zeit, da verändert sich mancherlei.

Damals, als Anna Amalia es zu dem berühmten »Sitz der Musen« machte, Goethe, Schiller, Wieland und viele andere Leute von Rang und Namen dort ein- und ausgingen, lag es in einem großen parkähnlichen Garten, der die ganze heutige Wielandstraße einnahm. Gartenmauer und Stadtmauer waren eins. Ein Aquarell von der Fürstin eigener Hand, jetzt Besitz des Weimarer Vereins »Frauenbildung-Frauenstudium«, zeigt reizend diesen Garten: große schattige Bäume, verschlungene Wege, künstliche Hügel und Grotten. Mitten drin ein Pavillon. Das war der Chinesische Tempel. Da saßen Anna Amalia und die kleine bucklige Göchhausen mit Vorliebe an den letzten warmen Tagen des Jahres, wenn die Astern blühten und die Blätter leise von den Bäumen fielen ... Oeser, Goethes Lehrer, hatte ihn à la Chinoise ausgemalt, sehr fein, sehr zart, so etwa, wie das jetzt Orlik oder Walser machen würden, und vielleicht hat hier Goethe den Damen einmal den Urfaust vorgelesen, den die Göchhausen dann, uns zum Heil, so hübsch sauber abgeschrieben hat.

Als später die Stadtmauer fiel, der »Schweinemarkt« davor vornehm ein Carls-Platz, der Garten selbst für Häuserbauten aufgeteilt wurde, ließ Carl August den Tempel nach dem Belvedere schaffen. Dort findet man ihn noch heute hinter der Orangerie, allerdings in traurigem Verfall. Aber die Chinesen und Chinesinnen Oesers lächeln noch immer lieb und einfältig, und der Blick aus den Fenstern, der weit ins Thüringer Land reicht, ist sogar anmutiger als anno dazumal der im alten Weimar, wo das Auge nur das freie Feld vor der Stadtmauer und ein paar karge Schrebergärten fand.

Jetzt liegt das Wittumspalais ganz in Straßen eingewinkelt, an der Vorderfront die Schillerstraße und der

Theaterplatz, seitlich die Zeughofgasse. Nur die Pappeln über dem kleinen Hof und eine einsame Kastanie neben dem einstigen Kammerfrauen-, dem jetzigen Kastellanshaus erinnern noch an jenen Garten.

Jetzt liegt das Wittumspalais auch, sieht man es vom Theaterplatz aus, viel höher. Der Platz ist aufgeschüttet worden, und so ging das Untergeschoß der Straßenfront verloren. Das Portal, das heute Einlaß gewährt, führt gleich in den früheren ersten Stock. Dies Portal gab's damals überhaupt nicht. War eins der vielen Fenster. Und wenn man in das Haus hineingelangen will, wie es Anna Amalia und ihre Gäste betraten, so muß man von der Windischenstraße aus kommen, wo »Am Palais« die Einfahrt war und noch ist, und über den Hof gehen ... unter dem finsteren Tor des alten Klosterflügels hindurch, an der Küche und den Ställen vorbei. Das mag da oft ein buntes Leben gewesen sein, wenn die Herzogin Empfang hatte oder ein Fest, einen Ball gab. Da drängten sich dann wohl bei Fackelschein die Sänften und Karossen, die Pferde scharrten, Hunde bellten (der Herzog, Carl August, brachte zuweilen seine ganze Jagdmeute mit), Haiducken und Läufer lärmten dazwischen, und in der offenen Küche wirtschafteten die Köche an den fünf riesigen Herden.

Oder die Herzogin ritt aus. Solch eine Kavalkade hat Johann Friedrich Löber gemalt. Anna Amalia selbst auf einem Schimmel, sehr klein, sehr zierlich, am zierlichsten ihr Fuß in rotem Reitstiefelchen, worauf sie mit Recht stolz war. Neben ihr, groß und breit, Liutgarde v. Nostitz, die Hofdame, dahinter der Oberhofmarschall v. Witzleben und der Stallmeister Josias v. Stein, Charlottens Mann. Ein Zwergläufer führt die Tête. So ging es durch die enge Windischengasse und, am Markt vorbei, durch die Frauentorstraße zur Esplanade, immer von Gaffern begleitet ... so ging's wohl auch nach Belvedere, Tiefurt, Ettersburg.

Auch die Esplanade sah damals anders aus als heute. War

eine Promenade mit einem Lusthaus in der Mitte und einem Goldfischteich, von der Herzogin selbst angelegt, weil ihr der Weg nach dem »Wälschen Garten« hinter der Ackerwand zu weit war und weil sie vom Palais aus hübsche Aussicht haben wollte. Denn vorher hatte hier ein wüstes Durcheinander von Gräben, Wällen und Tümpeln das Auge gequält. Nachts wurde diese Promenade durch Gitter geschlossen. Mählich wandelte die Esplanade sich dann in Straße, Häuser gaben festen Rahmen, das Hauptmannsche Redoutenhaus, auch vom obdachlosen Hof zu größeren Festen benutzt, war eins der ersten. An seiner Stelle prunkt jetzt ein Neubau, ein Kaffeehaus, wo Billard gespielt wird und eine Musikkapelle Weimars Lebewelt mit den neuesten »Schlagern der Saison« erfreut.

Da aber, wo die Esplanade auf das Wittumspalais stößt, unweit besagtem Café, führt eine dunkle, ganz verschattete Treppe an dem alten Klosterflügel des Palais entlang zur »Wünschengasse«. Ein wilder Birnbaum hat sich hier im Mauerwerk verwurzelt, und die Treppe ist wie eine Laube ... in Sommernächten eine beliebtes Stelldichein, heut wie ehedem. Wenn Ottilie v. Pogwisch und August v. Goethe abends bei Schopenhauers gewesen waren, die auf der Esplanade wohnten, dann schlüpften sie hier erst für Augenblicke unter, um sich satt zu küssen, ehe er die Geliebte nach Hause brachte ... was übrigens keines weiten Wegs bedurfte, denn Frau v. Pogwisch wohnte ebenfalls auf der Esplanade, neben dem Schillerhaus. Und die Böhlauschen Ratsmädel wußten den verschwiegenen Ort auch durchaus zu schätzen. Dort lauerten sie in der Dämmerstunde den armen Liebespaaren auf, um mit den Erschreckten ihre Allotria zu treiben; dort lasen sie heimlich die Liebesbriefe, wenn Ottilie Pogwisch und Adele Schopenhauer die beiden Bälger in der Kummerfeldenschen Nähstunde als postillons d'amour benutzten; dort küßten sie sich später selbst mit ihren Freunden.

Das alles weiß der wilde Birnbaum noch sehr gut, so jung er damals auch gewesen. Und wer in lauen Nächten hier ins Dunkel zu tauchen wagt, dem erzählt's das leise Rauschen der Zweige. Dem klingen die alten Namen aus der Vergangenheit herauf, und um jeden flicht Legende ihren Kranz.

Doch zurück zu Anna Amalia! Ein Menschenalter hat sie im Wittumspalais gewohnt, bis zu ihrem Tode. Und sie starb 1807. Rührig, still und einfach lebte sie hinter diesen Fenstern, diesen Mauern, nur im Frühling und Sommer die Stadtwohnung mit dem nahen Tiefurt tauschend, zuweilen, doch nie lange, auf Reisen. Ihre Freundin und Vertraute: die Göchhausen. Luise mit Vornamen, aber Freundesscherz nannte sie, die zwerghaft-zierliche, Thusnelda. »De Frailein von Kechhausen, wisse Se, wo bloß so glein kewese is, das heißt nemlich, häre Se, se war pucklich un verwachse, aber sähr gluch.« So der Kastellan des Wittumspalais, der vermutlich aus Sachsen ist. Erich Schmidt, der ihre Urfaust-Handschrift fand, hat sie dann so berühmt gemacht, daß heute die Jungen und Mädels in der Schule ihren Namen lernen. Und Goethe-Verse, leibhaftige, huldigen ihr:

»Der Kauz, der auf Minervens Schilde sitzt,

14

Kann Göttern wohl und Menschen nützen;
Die Musen haben dich beschützt,
Nun magst du sie beschützen.«

Was die Kleine redlich tat. Andere Hausgenossinnen der
Herzogin: die Kammerfrauen. Auch hier bekannte Namen.
Amalie Kotzebue, die Tante Augusts, treu der Herrin bis zur
Erblindung. Genast, der Schauspieler, sah als Knabe die
Blinde noch im Hofe des Palais in der Sonne sitzen. Amalie
von Berg, die Schriftstellerin, die auch eine Kotzebue war
und später den Steuerrat Ludecus heiratete. Ihr Grab ist auf
dem Alten Friedhof am Poseckschen Garten. Und die beiden
Bendas ... alle, worauf Anna Amalia großen Wert legte,
nicht Domestiken, sondern Talente und »schöne Geister«.

Diese drei Jahrzehnte Wittumspalais unter Anna Amalia
umspannen Goethe-Welt. 1775, im November, taucht der
Dichter des »Werther« in Weimar auf, »mit seinem
schwarzen Augenpaar, zaubernden Augen mit
Götterblicken, gleich mächtig zu töten und zu entzücken«,
ein Meteor, das schnell zum Stern wird, der über Weimar
stehen bleibt wie der Stern der Verheißung über Bethlehem.
Und so auch über der Herzogin Amélie Palais ... jetzt, wo
die Regierung aus ihren Händen an den mündig
gewordenen Carl August übergangen, tatsächlich nur noch
ein Witwensitz.

Und Goethe-Welt ist es, die dies stille Haus spiegelt. Auch
hier, hat man den düsteren Torbogen erst passiert, der junge
Frühling. Grünes Licht rauscht auf, betritt man den Hof.
Die Spatzen unter der Kastanie lärmen. Sonne legt Gold auf
die grauen, verwitterten Wände und läßt die toten Fenster
glitzern.

Tür, Treppe, Vorplatz: ein Bürgerhaus. Wie am
Frauenplan. Behäbig, aber ohne jeden Prunk. Den bieten
erst die Zimmer. Die seidenen Tapeten leuchten, das Parkett
glänzt, die Kristallüster flimmern. Aber es ist ein sterbendes

Rokoko. Ein paar der weißen Stuckdecken, ein paar Möbelstücke gefallen sich noch in geschweifter Linie. Alles andere ist bereits Empire: steif, kühl, sparsam im Ornament. Ein Kranz, eine Schleife, ein dünnes Fruchtgehänge, an den weißen Türen, an der Boiserie der Fensternischen schmale goldene Linien — das ist alles. Üppig nur die Bilder. Da das herrliche Porträt der Fürstin von Tischbein: die großen Augen, der zarte Mund, um den verhaltenes Lächeln spielt, die schöne Büste ... Anna Amalia, wie Goethe die »verwittibte Herzogin« zuerst sah. Da Friedrich der Große, der Fürstin Oheim, »in zugeknöpftem blauen Zivilrock mit Ordenssternen, wie er soeben den Siebenjährigen Krieg beendet hat«, das einzige Bild, zu dem der König gesessen hat: der herrliche, sieghafte Glanz der Friedrichs-Augen flimmert auch in denen der Nichte. Da, im rotbespannten »Dichterzimmer«, Goethe und Schiller, von May, von Graff; im Schlafzimmer der Herzogin die Söhne: Carl August, achtzehnjährig, von Schlosser, und Constantin, ein dunkeläugiges zartes Kind, von Tischbein. Und so fort. Die ganze Dynastie, der ganze Hof, Weimar in Goethe-Tagen. Selbst die beiden Schwestern Gore fehlen nicht, die Engländerinnen, deren eine, die schöne Emilie, Carl August nahe gestanden haben soll. Und auch Corona Schröter nicht. Wie sie lächelt! Kaum verhüllt das Kleid den vollen Busen, Locken rahmen das Iphigenien-Antlitz. Wen hat in Weimar man so gefeiert wie sie? Wen so rasch vergessen? Ihr Lächeln tut weh, und die schmale Galerie, in der ihr Bild hängt, verfinstert sich, denkt man des einsamen Grabes in Ilmenau.

So weckt hier jedes Bild, jedes Zimmer, jeder Gegenstand Erinnerungen. Das Herz hält Totenschau und ist, für tiefe Augenblicke, den Toten näher als den Lebenden. Zumal im »Lesezimmer«, das hinter den verhängten Fenstern ein grünes Zwielicht geheimnisvoll erregend füllt, drängen sich die Schatten. Georg Melchior Kraus, der Maler, hat den

Abendkreis von Menschen, der hier sich bei der Herzogin so oft zusammenfand, im Bilde festgehalten. Da sitzen sie alle um den Tisch, in der Mitte die Fürstin, die malt, rings um sie herum, ganz zwanglos, die anderen: Goethe, der vorliest, neben ihm Einsiedel, dahinter, bei riesigen Bildermappen, Heinrich Meyer, und die »schöne Kehle«, das Fräulein v. Wolfskeel, schaut gespannt, welchen Kupferstich, welche Zeichnung Meyer der Gesellschaft vorlegen wird. Gegenüber die Gores, Vater und Töchter, über eine Stickerei gebeugt die Göchhausen und, bequem in den Stuhl zurückgelehnt, Herder.

Was liest Goethe vor? Wovon sprechen sie? In welche Fernen blickt Herders Auge? Vielleicht steigt Italien vor ihnen allen auf, wo die Herzogin vor kurzem gewesen ... Italien, das, wie Goethe in seiner Widmung der »Venetianischen Epigramme« rühmt, Anna Amalia ihnen in Germanien von neuem erschuf. Vielleicht liegen in den Mappen neben Meyers Sessel die Aquarelle von Tivoli, die jetzt im grünen Wohnzimmer der Herzogin hängen, vielleicht ist es das Tagebuch seiner italienischen Reise, in dem Goethe blättert ... wer kann es wissen?

Eines Tages begegnen Offiziere auf der Landstraße nach Jena einem alten Manne in dürftigem Reisehabit. »Was ist das für ein närrischer Kerl?« fragt einer ... »Er wird das Handwerk grüßen!« meint ein anderer, sehr von oben herab. »O nein!« fährt da der erste fort, »ich habe ihn gestern im Garten der Herzogin gesehen.«

Es war der Dichter Seume.

Und so wie er durfte kein »schöner Geist« Weimar passieren, ohne im Wittumspalais eingekehrt zu sein. Es hat dieser Gäste vielerlei gesehen, ihre Namen klingen mit, wenn der Name »Wittumspalais« aufklingt. Der alte Wieland vor allem, so vertraut, daß er jederzeit Zutritt hatte, dann Goethe natürlich, Herder und Schiller. Sie wäre eine wackere Frau, die Herzogin, und es lebte sich gut mit ihr,

17

bekannte Schiller, der skeptisch war gegen Fürstengunst. Lenz, Klinger tauchen sporadisch auf. Auch Merck. Später wird Jean Paul feierlich empfangen — wetteiferte an schnellem Ruhm er eine Zeitlang doch fast mit dem Herrn vom Frauenplan! Sein Schreibsekretär, später hierher gebracht, erinnert an ihn. Auch Jena schickte illustre Köpfe: Humboldt, Hufeland, Fichte, Schelling, Hegel. Und von der Staël, die bei der Herzogin wiederholt zu Gast, erzählt Goethe in den »Annalen« folgende Anekdote: »An einem personenreichen Abendessen« sitzt Goethe in Schweigen versunken. Irgend jemand hält sich darüber auf. Die Staël pflichtet bei. Und fügt hinzu: »Übrigens mag ich Goethe nicht, wenn er nicht eine Bouteille Champagner getrunken hat!« Goethe hört's und meint schlagfertig: »Da müssen wir uns denn doch schon manchmal zusammen bespitzt haben.« Unterdrücktes Lachen, verlegene Pause im Gespräch. Die Staël, des Deutschen nicht mächtig, will wissen, was er gesagt. Niemand traut sich, bis Benjamin Constant es unternimmt, »ihr mit einer euphemistischen Phrase genugzutun«.

Wo dies »personenreiche Abendessen« gewesen? Vermutlich im Obergeschoß, im »Theatersaal«. Da ist erst das schöne, türkisblaue »Empfangszimmer« mit den weißgoldenen Möbeln und den Leuchtergirandolen, die Goethe der Herzogin aus Italien mitgebracht, und dann, mit den Fenstern nach Hof und Esplanade, dieser Saal. Hier wurde getafelt, hier Theater gespielt, hier getanzt. Die Decke von Oeser. Die übliche Allegorie. Die Wände schöner roter Marmor. Die Sessel gelber Atlas. Ein Riesenteppich deckt den Boden. Alles sehr festlich und, wenn die Kerzen flimmern, sicher warm und behaglich. Goethes »Paläophron und Neoterpe« hat hier, anno 1800, der alten Herzogin gehuldigt ... ein Maskenspiel, in Worten tändelnd, die leicht wie Hauch, der Spinettklang einer abgelebten Zeit. Dieser Klang haftet noch. Man spürt ihn bis in letzte Nerven. Nur ist die heiter-bewegliche Gesellschaft, die einst danach tanzte, tot, und jetzt schwingen hier im Lichte sich allein die Sonnenstäubchen.

<hr />

Lange lag diese ganze Welt in tiefem Schlaf. Man schien vergessen zu haben, daß hier einst eine »vollkommene Fürstin mit vollkommen menschlichem Sinn«, wie Goethe Anna Amalia genannt, gewohnt hatte. Schien vergessen zu haben, daß über die schlichte graue Holztreppe die erlauchtesten Geister einer großen Zeit geschritten waren. Weimar trieb Kult mit andern Göttern: wenn Liszt sich, lockenumwallt, am Fenster seines Hauses in der Belvedere-Allee sehen zu lassen geruhte, zwang Verzückung die Weiber auf die Knie ... ein paar Akkorde, von seiner Hand gegriffen, faszinierten eine Welt!

Erst Carl Alexander brach den Bann.

Da säuberte das alte Schlößchen man sorgfältig von Spinneweben und Domestikenplunder und baute hübsch zierlich, von Zimmer zu Zimmer, die Erinnerungen auf, die dem Einst Glück und Rausch verflogener Stunden gewesen ... die vielen Bilder, das Porzellan, die Uhren, die Vasen aus Alabaster und Biskuit, die Bronzen, das Tausenderlei von Andenken, das Reisen und Besuche angehäuft, Tand vielleicht und doch mehr, weil Herkunft und Gebrauch die meisten der Sachen geadelt. So fein baute man das alles auf, daß Anna Amalia, die sehr auf Ordnung hielt, nichts auszusetzen fände, schritte sie jetzt noch einmal die Flucht der Zimmer ab.

Alles steht an seinem Platz ... sie fände im Wohnzimmer das Schachbrett, im Schlafzimmer Waschservice und Frühstücksgeschirr, am Fenster ihre Malutensilien; da die kleine antike Räucherlampe auf dem »Balkon« des gußeisernen Ofens harrt nur der Hand, die sie anzündet, da auf dem Spinett die Mandoline nur der Finger, die sie zum Klingen bringt. Die Noten daneben, Mozart, liegen aufgeschlagen, und auch die Harfe steht bereit. Ja, sie fände sogar in einem kindlich mit Goldpapier verklebten Glaskästchen die winzigen rotseidenen Pantoffeln ...

Aber sie kommt nicht. Die Stadtkirche hütet ihre Toten gut. Nur ihr Geist beseelt noch immer die Räume, die sie einst bewohnt, den kann kein Stein und keine Gruft bannen. Und die alte Dame auf Jagemanns Bild, Anna Amalia 67 Jahre alt, lächelt, als ob sie das wüßte.

Wagenfahrt unter blühenden Obstbäumen. Die Sonne schon sommerlich warm: Gold tropft aus dem grünen Baldachin des Laubes, verwehte Blütenblätter taumeln gleich lichttrunkenen Faltern. Da die Landstraße höher steigt, wandert das Auge über Felder, die sich wie blasser Brokat wellen. Dazwischen ein Silberband: die Ilm, der »liebe Fluß«. An ihrem Ufer Tiefurt.

Goethes Tagebuch am 20. Mai 1776: »... Tiefurt. Einzug.« Am 21.: »In Tiefurt mit den beiden Herzoginnen, Edelsheim usw. Drauß geschlafen.« Und ein Brief Knebels: »Wir vertrieben den Pächter aus seiner Wohnung, rissen die Bauerngehege hinweg und bereiteten nach und nach einen angenehmen Aufenthalt in der überaus günstigen Gegend.«

So beginnt Tiefurts klassische Zeit. Das Pächterhaus des Kammerguts, ein anspruchsloser Bau ohne jeden Stil und Komfort, wird auf Wunsch der Herzogin Sommerquartier des Prinzen Constantin, Carl Augusts Bruder. Knebel, der Erzieher des Prinzen, richtet die Wohnung her, Goethe, Hansdampf in allen Gassen, muß helfen. Zwei Stuben müssen vorläufig genügen. Oeser malt sie in pompejanischer Manier aus: auf gelbem Grund ein wenig Blumenornament.

Am 20. Mai der Einzug. Der ganze Hof ist draußen, auch

Goethe mit Frau von Stein. Die Bauern empfangen den Prinzen mit »Musik, Böllern, ländlichen Ehrenpforten, Kränzlein, Tanz, Feuerwerkspuffer, Serenade usw.«. Zwei Tage dauert das Fest. Da im Schlößchen noch keine Betten für Gäste, übernachten der Herzog, Goethe und »noch einige« im Freien ... was man damals, jugendlich begeistert, als »Erdgefühl« cachierte.

IHREM
ZWEYTEN UND LETZTEN
· ZU FRÜH ABGESCHIEDENEM
SOHNE
CONSTANTIN
TRAUERND

Dieser Prinz Constantin, schon in frühen Jahren ein Sorgenkind, hat hier bis 1780 gewohnt ... sicherlich nicht freiwillig. Er war ein unruhiger Geist, schwierig zu behandeln, bei aller Wildheit überzart, mit schmalen Schultern, blassen Schläfen, den dunkelglühenden Augen eine Verfallserscheinung. Was konnte ihm, der nach Abenteuern und Ekstasen Leibes und der Seele gierte, das Idyll Tiefurt geben? So schickte man ihn auf Reisen. Vergebens. Krank taumelt er durchs Leben, bis ihn, 1793, die Kriegstrommel verführt. Als sächsischer Oberst macht er die Kampagne gegen Frankreich mit und stirbt, fern der Heimat, irgendwo an der Ruhr, so ein nutzloses Dasein nicht einmal heldisch endend. Mutterliebe hat ihm im Tiefurter Park ein Denkmal gesetzt, eins der vielen hier. Ein antiker Sarkophag, sehr schön in den Linien, die Inschriften feiern den Toten in ergreifenden Worten als Helden und »Opfer dieses unglücklichen Krieges«.

Dies ist die Ära Constantin ... verweht, vergessen. Nur das Denkmal an der Ilm erinnert leise daran und eine schmale Silhouette des Prinzen im Schloß. Das Tiefurt Anna Amalias, die nun das ferne Ettersburg aufgibt und hier im Sommer wohnt, ist das heutige ... der Park mit seinen Urnen, Bänken und Gedenksteinen hat sich selbst erhalten, das verwahrloste, mit Krimskrams aller Art überladene, lange nur als Rumpelkammer benutzte Haus hat Enkelpietät ganz so wiederhergestellt, wie es zu ihren Zeiten war. Dank Wilhelm Ernst, dem nun Vertriebenen, der das getan! Auch hier würde die Erlauchte, kehrte einmal sie aus Elysium zu der Stätte zurück, die ihr eine Stätte reinsten Glücks und lauterster Freude gewesen ein Leben lang, alles finden, wie sie es verlassen, als der Tod sie abberief. Wirklich alles. Nur die Steintafel am Eingang zum Park fehlt, die einst schwärmte:

»Hier wohnt Stille des Herzens, goldene Bilder
Steigen aus der Gewässer klarem Dunkel.
Hörbar waltet am Quell der leise Fittich
Segnender Geister!«

Fromme Worte, die noch jetzt Magie. Wer den Park betritt, dem klingen sie im Herzen auf, und wer ihn verläßt, den begleiten sie.

Zwei Wege führen von Weimar nach Tiefurt, beide gleich schön, zumal im Frühling, wenn junges Grün sie säumt. Der eine die Landstraße, die das »Webicht« quert: erst Villen, dann Garten und Feld, schließlich der Wald. Wie oft ist hier der alte Goethe mit Eckermann gefahren, in Erinnerung versunken! Der andere, die »Carolinen-Promenade«, läuft die Ilm entlang.

»Es ist ein äußerst angenehmer Weg,« schreibt 1780 ein
junger Theologe, der Herder nach Tiefurt begleitete,»der Ilm
nach, durch ein Wäldchen, wo wir meisterlich waten
mußten.« Das braucht man heute nun nicht mehr. Man
gelangt trockenen Fußes ans Ziel. Aber wenn der
Briefschreiber weiter erzählt:»Endlich kamen wir auf eine
schöne Wiese, dann wieder ins Holz, dann übers Wasser in
den Garten, wo eine kleine chinesische Hütte ist, hinauf auf
den Berg, den Knebels Phantasie ausgebildet hat, zu einigen
kleinen Altärchen, wo man ins Tal eine schöne Aussicht hat,
zu einer Grotte, die Virgils Grab heißt, oben gegen dem Feld
am Wald vorbei auf eine hohe Eiche von drei Stockwerken,
ordentlichen Altanen, wo eine schöne Aussicht ist und reine
herrliche Luft weht«, so kann man der Schilderung eher
beipflichten. Nur konnte Herders Begleiter, der ja auch
»Tiefort« noch ein »Lusthaus des Prinzen Constantin«
nennt, anno 1780 die mancherlei Veränderungen nicht
kennen, die der Park nun unter Anna Amalia erfuhr.

Und die aus Wald und Wiese, Fluß und Uferhang, Berg
und Tal einen »elysischen Hain« machten. »Faune und
Nymphen sollen sich nicht zu schämen brauchen, ihren
Aufenthalt darin zu nehmen.« So sie selbst. Knebels
Anlagen sind der Grundstock. Nun baut sie, mit Goethe,
weiter. Bäume werden gepflanzt, Wege gezogen, Durchblicke
geschaffen. Jede Bank erhält ihren Namen, jeder Platz seine
tiefere Bedeutung. Ein »Musentempel«, weiß und schlank,
steigt reizvoll aus dem Samt der grünen Rasenflächen, die
Freunde werden durch Altäre und Urnen gefeiert. Das
Ganze schließen jenseits der Ilm Felsterrassen harmonisch
ab … ein Theater der Natur, das sentimentalisches
Gefühlsklima atmet, Oden und Elegien in Stein, Baum,
Boskett tändelnd beleben.

Oder wie die Goethe-Verse auf dem Holzsockel der
Wieland-Büste es wollen:

»Wenn zu den Reihen der Nymphen
Die eine Mondnacht versammelt
Sich die Grazien heimlich
Von dem Olympe gesellen,
Hier belauscht sie der Dichter
Und hört die schönen Gespräche
Sieht dem heiligen Tanz
Ihrer Bewegungen zu.
Was der Himmel Herrliches hat
Was glücklich die Erde
Reizendes hervorbringt
Erscheint dem wachenden Träumer.
Dann erzählt er's den Musen
Und daß die Götter nicht zürnen
Lehren ihn die Musen
Bescheiden Geheimnisse sprechen«.

Die ursprüngliche Form der Distichen, die in den Werken als »Geweihter Platz« feierlichere Prägung erhalten haben. Geweihter Platz — das ist ganz Tiefurt. Man wandert von Erinnerung zu Erinnerung, immer die Ilm zur Seite, die mit Glitzerwellchen lustig über Stein und Wurzel dahinströmt. Enten treiben drauf, Blütenblätter, zuweilen hascht Sonne einen Fisch und läßt den schmalen, blanken Leib in kühler Flamme lodern … alles wie anno dazumal, als Anna Amalia hier in weißem Sommerkleid, eine bescheidene Landedelfrau, morgens lustwandelte. Mit Wieland vielleicht, »ihrem guten Alten«. Oder mit Goethe, mit Herder. Vielleicht auch nur begleitet von der »Gnomide«, der Göchhausen, und deren dickem Mops.

Ein Baum, ein Steintisch, eine Büste … wie dürftig! Und doch vollkommenstes Idyll. Idyll auch, ein paar Schritte weiter, die Bank mit dem Amor: Coronas Denkmal. Kein Name verrät, daß es ihr gilt. Aber im Rauschen der Bäume, im leisen Flüstern der Blätter ringsum klingt süß und leise noch heute die Stimme, die sich hier einst so oft im Lied gewiegt. Sie ist Philomele, der die Goethe-Verse der Steintafel huldigen:

>>Dich hat Amor gewiß, o Sängerin, fütternd
    erzogen;
Kindisch reichte der Gott dir mit dem Pfeile die
    Kost.
Schlürfend saugtest du Gift in die unschuldige
    Kehle,
Und mit der Liebe Gewalt trifft Philomele das
    Herz.<<

Niedlich darüber der Amor, ein kleiner Marmorgott. Die eine Hand, die mit dem Pfeile, hat ein Umsturz-Wicht zerschlagen. Nun klagt das Kinderauge, und Philomele, ängstlich in die andre Hand geschmiegt, ist ohne süße Nahrung. Aber wenn der Abend kommt und Flieder und Jasmin stärker duften, aus den Flußwiesen der Nebel steigt, singt sie doch ... der ganze Park wird dann ein einziges trunkenes Liebesstammeln.

Wenn der Abend kommt, erwacht hier überhaupt die Vergangenheit, aus Schatten drängen Schatten und werden wieder Leben. Wissen muß helfen, sie zu beschwören. Da ist Goethes Tagebuch. Immer wieder meldet es im Sommer 1781, dem ersten, den Anna Amalia hier als Herrin verbracht: »Abends Tiefurt.« Auch die Briefzettelchen an Charlotte, wilder, heißer, ungestümer denn je, erzählen damals unablässig davon. Da wird mit den Bauern und der Dorfjugend der »Ärndtekranz« gefeiert, da wird »Nathan und Tasso gegeneinander gelesen«, da singt Corona Schröter Rousseaus neue Lieder, da wird der »Musentempel« eingeweiht, ein frischer Gedenkstein enthüllt ... wir würden heute sagen: immer ist in Tiefurt was los. Und Charlotten, die ihre Migräne hat und an der Ackerwand eifersüchtig des Freundes denkt, der mit anderen »miselt«, vielleicht sogar mit »Krone«, vielleicht auch mit der schönen Baronin Werthern oder der kecken Waldner, der Person, — Charlotten wird berichtet: »Gestern ist unsre Feyerlichkeit zu iedermanns Vergnügen begangen worden.«

Feierlichkeit?

Wieder mögen Goethe-Verse Deutung geben. Das große, das wundervolle Gedicht »Auf Miedings Tod«, das den Theatermeister Mieding und die Schauspieler preist:

>»Als euern Tempel grause Glut verheert,
>Wart ihr von uns drum weniger geehrt?
>Wie viel Altäre stiegen vor euch auf!
>Wie manches Rauchwerk brachte man euch
>   drauf!
>An wie viel Plätzen lag, vor euch gebückt,
>Ein schwer befriedigt Publikum entzückt!
>In engen Hütten und im reichen Saal,
>Auf Höhen Ettersburgs, in Tiefurts Tal,
>Im leichten Zelt, auf Teppichen der Pracht
>Und unter dem Gewölb der hohen Nacht
>Erschient ihr, die ihr vielgestaltet seid,
>Im Reifrock bald und bald im Galakleid ...«

Theater also, Possenspiel. Und die Bühne ist die »Theaterwiese«, Parkett das »Chinesische Haus« mit schmaler Terrasse. So einst, und so noch heute, nur liegen die Wiese, der schlichte Fachwerkpavillon verödet und verlassen. Und nachher dann »Beleuchtung«. Da wird an Miedings Stelle Goethe, der Rembrandt-Schwärmer, Regisseur, und Fluß und Uferhang wandeln sich, wie so oft schon vorm Gartenhaus am Stern, in idealische Landschaft von magischem Helldunkel, werden Rembrandt-Tableau »zu jedermanns Vergnügen«.

Und das Tagebuch vom 28. August 81: »Abends in Tiefurt, wo man die Ombres Chinois gab.« An Frau von Stein tags darauf: »Gestern ist das Schauspiel recht artig gewesen, die Erfindung sehr drollig und für den engen Raum des Orts und der Zeit sehr gut ausgeführt. Hier ist das Programm. NB es war en ombre Chinois wie Du vielleicht schon weißt.«

Dieser 28. ist Goethes Geburtstag, das Schattenspiel, das Seckendorf gedichtet, Huldigung für ihn: »Minervens Geburt, Leben und Taten.« Im »Tiefurter Journal«, Anna Amalias netter, handschriftlich vervielfältigter Chronik dieser Jahre, kritisierte Wieland die Aufführung. Alles sehr hübsch, sehr gelungen, doch Venus sei in einem Aufzuge erschienen, »welcher dem Negligé einer Waschfrau und Grasnymphe ähnlicher sah, als dem einzigen Schmuck, der sich für die Göttin der Schönheit ziemt«. Ob Emilie Werthern, eben jene Venus, ein andermal den guten »Papa Wieland« mehr befriedigt hat?

Ein Jahr später, an heißem Juli-Abend, die »Fischerin«, unten an der Ilm bei Fackelbeleuchtung gespielt. Goethe an Merck: »Ehestens wirst Du ein Wald- und Wasser-Dram zu sehen kriegen. In Tiefurt aufgeführt, tut es gute Wirkung.« An Charlotte, die Verstimmung fern gehalten: »Von meinem gestrigen Stück, das sehr glücklich ablief, bleibt mir leider nichts als der Verdruß daß Du es nicht gesehen hast.« Das Tagebuch stumm. Um so beredter die Tuschzeichnung von Kraus im Schlößchen in Farbenduft und zarter Linie: die Erlen, die Fischerhütte, an einem kleinen Feuer Töpfe, im Hintergrunde Netze und Fischergeräte, auf dem Fluß im Mondschein der Kahn mit den Fischern, vorn Dortchen, die den »Erlkönig« singt ... ein reizendes Bild, ganz die Szenerie des Stücks in Goethes Angabe, ganz Tiefurt-Zauber. Dortchen, im üppig gerafften Reifrock mehr eine Schäferin des Rokoko denn eine ländliche Fischerin ist Corona Schröter, die Liebliche. Und wie kann es anders sein, daß da die Verse aufklingen, die sie unsterblich gemacht:

> »Ihr Freunde, Platz! Weicht einen kleinen
>   Schritt!
> Seht, wer da kommt und festlich näher tritt!

Sie ist es selbst — die Gute fehlt uns nie —
Wir sind erhört, die Musen senden sie.
Ihr kennt sie wohl; sie ist's, die stets gefällt:
Als eine Blume zeigt sie sich der Welt,
Zum Muster wuchs das schöne Bild empor,
Vollendet nun, sie ist's und stellt es vor.
Es gönnten ihr die Musen jede Gunst,
Und die Natur erschuf in ihr die Kunst.
So häuft sie willig jeden Reiz auf sich,
Und selbst dein Name ziert, Corona, dich.«

———————————————————

So führt Erinnerung, süßen Plaudertons, zum Schloß.
Altersbraun, verwittert Dach und Mauerwand, liegt's unter
Riesenbäumen. Weimar trinkt hier gerne Kaffee. Der
Kastellan hat kleine Wirtschaft, an schönen
Sommernachmittagen sind Tisch und Stuhl, heut leer und
Turngerät für Hühnervolk und Spatzen, dicht besetzt ... die
»Stille des Herzens« ist dann Illusion.

Ein Schloß?

Man lächelt. Kaum ein Schlößchen. Ein Guts-, ein
Pächterhaus, wie's deren Tausende gibt. Bescheidener kann
man nicht wohnen. Allein die hölzerne Pergola der
Parkfront mit ihren Säulen, ihrem Gitterwerk, ihren
Skulpturen verrät, daß hier Anmut und Geist sich eine
maison d'âme in ländlicher Idylle geschaffen, hier Heimat
von Menschen gewesen, die mehr als Ackerbau und
Viehzucht trieben.

Anmut und Geist verklären auch das schlichte Innere. Ein
Wittumspalais im Kleinen! Winzig die Zimmer. Die niedrigen
Decken einfach geweißt, der Fußboden bemalte blanke
Wachsleinwand, die reizend Mobiliar und Fenster spiegelt.
Überall das Ornament des Empire, halb Mäander, halb
Pompeji. Die Wände zartgetönt: gelb, grau, hellgrün ... am

apartesten ein »Empfangszimmer« mit den aufgeklebten schwarzen Kupferstichen. Prunk fehlt ganz. Die Kronleuchter, auch sie Pompeji, das damals große Mode, nur aus Holz geschnitzt, die Gardinen Mull, die Polsterbezüge Rips. Hier und da ein Sessel mit Handstickerei: Hofdamengeschenke. Bilder natürlich in Hülle und Fülle. Porträts in Öl, Porträts in Pastell. Alte Stiche. Silhouetten. Wachsreliefs. Als Proben Ötternschen Marmors, den Goethe zuerst brechen ließ, Büsten und Figuren von Klauer: der junge Goethe, Fritz von Stein, die Göchhausen.

Es ist eine empfindsame Wanderung. Alles, was der Park erzählt, steht hier noch einmal auf in Bild und Andenken ... ein Schattenspiel der Seele. Aber die es einst in Dämmerstunden schnitten, sind alle tot ... nur ihrer Persönlichkeiten geheimer Duft schwingt noch in den Räumen: im Speisezimmer, wo sie, Raphaels Farnesinagemälde vor Augen, tafelten, im Empfangszimmer, wo die Leseabende des Wittumspalais ihre sommerliche Fortsetzung fanden, im Wohnzimmer, wo musiziert wurde, im Schlafzimmer, wo Bett und Waschgeschirr, nebenbei: ein Puppengeschirr, das immer von neuem verwundertes Lächeln hervorruft, noch so stehen, als ob die Herzogin nur mal in den Park gegangen wäre und jeden Augenblick wieder durch die Tür eintreten könnte.

Und so kommt man auch, über schmale Treppe, schmalen

Gang, zu der Wohnung des Fräuleins von Göchhausen, die Luise hieß, aber, von den Grafen Stolberg einst in übermütiger Laune, klein, wie sie war, Thusnelda getauft, von der Herzogin zärtlich-liebevoll »Thusel« gerufen wurde ... und dieser schmale Gang, eine Art Galerie, ist vielleicht das Schönste hier im Schlößchen. Ist Rokoko-Kulisse, die verschnittene Hecke vortäuscht. Ist Mozartsche Musik, ein wenig steif, ein wenig tänzelnd, süß und lieblich. Auf die Laubtapete gemalt Steinfiguren, die Jahreszeiten: Le Printemps, L'Été, L'Automne, L'Hiver. Damit die falschen Statuen plastisch wirken, werfen sie alle Schlagschatten ... rührend komisch in verhaltener Grazie! So hat in unsern Tagen der Russe Konstantin Somoff, so Walser Rokoko gemalt. Und vor der Galerie die Pergola. Welch ein Blick! Der ganze Park. Da die Kastanienallee zum Teesalon, da die drei Lärchen, die Goethe gepflanzt, da die Theaterwiese mit dem Musentempel ... entzückend! Das grüne Gitterwerk, von Wein berankt, der Rahmen für lauter Bilder von Corot.

Die gleiche Aussicht haben die Göchhausen-Fenster. Da hat die kleine putzige Person, »Genie in Fülle — kann aber nichts machen!«, am Schreibsekretär gesessen, der geliebten Herrin Hand in Bronze vor sich, und hat an Knebel geschrieben: »O Knebel, setzen Sie sich aufs erste beste Pferd und erfreuen uns irgend einen guten Abend mit Ihrer Erscheinung! Dies ist der Herzogin, Goethens und mein liebster Traum, wenn wir in diesem lieben, lieben Tempe die Sonne untergehen und den Mond in seiner stillen Pracht aufgehen sehen. Lieber, überlegen Sie's! Oder vielmehr überlegen Sie's nicht und kommen Sie! So schön wie dies Jahr war's noch nie! Die Akazien blühen wie überschüttet mit Blumen. Rosen, Jasmin und Jelängerjelieber sind wie ausgelassen und können gar nicht erwarten, bis sie alle da sind ...«

So gehen die Jahre. Die Farben von Tiefurt verblassen, die Menschen, die hier Sommer für Sommer wohnen, werden alt, ihre Augen matt, ihre Herzen müde. Weit verstreut in alle Lande, bis in das des Todes, sind, die hier einst gelacht, gescherzt. Auch Goethe ist ein seltener Gast geworden. Die Einsamkeit häkelt um Schloß und Park, und ein Besuch der Königin Luise, die hier ein Paretz ins Weimarische übersetzt, findet, ist 1804 fast unliebsame Unterbrechung des Friedens. »Nun denken Sie sich den Holdelpolder im Tiefurter Bezirk!« schreibt die Göchhausen an Knebel, den Freund, in Jena, »die Esel schrien, die Kühe brüllten, die Gänse schnatterten, und die Hühner machten glu, glu, glu! Alles sang Hymnen nach seiner Art.«

Das Leben, das so freundlich hier gelächelt, in so buntem Glanz geblüht, ist gemach zu ombres Chinoises geworden, zu Silhouette, die wehmütige Erinnerungen weckt. Man schaut sie an und hängt ein Kränzlein um den Rahmen. Und fragt: Wie lange noch?

Herbst 1806. Der Krieg naht. Schwüle vor dem Sturm. Noch ist die Herzogin in Tiefurt, Wieland leistet ihr Gesellschaft. Man musiziert »mit schwerem Herzen«, wie Goethe in den Annalen erzählt, »es ist aber in solchen bedenklichen Momenten das Herkömmliche, daß Vergnügen und Arbeiten so gut wie Essen, Trinken, Schlafen in düsterer Folge hintereinander fortgehen.« Da bricht der Sturm los, Anna Amalia muß, Hals über Kopf, nach Kassel flüchten. Prinzessin Caroline, die Enkelin, begleitet sie. Sie hat Tiefurt nie wiedergesehen. Denn kann sie auch bald nach Weimar zurückkehren, so ist es jetzt doch Winter, harter Winter, und das Wittumspalais bietet der alten Dame besseren Schutz als Tiefurt. Außerdem kränkelt sie. Diesen Aufregungen war die Achtzigjährige nicht mehr gewachsen. Als es wieder Frühling wird, legt sie sich zu Bett und stirbt.

Die Tote hat man gefeiert. Die Sterbende war allein. Ergriffen steht man vor dem schmalen Bette ihres Sterbezimmers im Wittumspalais. An der grünen Seidenwand, jung und strahlend, die Porträts der Söhne, zu Häupten des Betts ein Bild Friedrichs des Großen. Auf der Kommode die Uhr und das Mundporzellan. Sonst nichts. Die letzte Welt einer Fürstin, deren Geist keine Grenzen gekannt. Alles andere ferner Traum: die Heimat Braunschweig, Belvedere, wo sie junge Frau gewesen, Ettersburg und Tiefurt mit den bittern Tagen früher Witwenschaft, mit den Tagen Wielands, Goethes, Herders, die der Einsamen verlorenes Glück ersetzten. Was flüstert die Fiebernde? Formt Sehnsucht noch einmal den greisen Mund zu wirrem Schmeichellaut? Oder ist's ein skeptisches Lächeln, das um diese Lippen zittert?

Draußen rüttelt der Frühlingswind an den Fensterläden, und die Kammerfrauen beten. Leise tickt die Uhr. Sie hat Jahre gezählt, nun zählt sie Augenblicke. In das brechende Auge lächelt das Kinderantlitz des Prinzen Constantin.

Die Reisen in den Harz

»Bin so in Lieb zu ihr versunken,
Als hätt' ich von ihrem Blut getrunken.«
Goethe

Im Weimarer Park, nicht weit von Goethes Gartenhaus
und der Ilm so nah, daß man ihr leises Rauschen gerade
noch hören, den Schimmer des Wassers durch das Gezweig
von Weide und Erle gerade noch sehen kann, steht an einer
Weggabelung ein kleines Monument: der Schlangenstein.
Martin Klauer, der Bildhauer, hat ihn auf Wunsch Carl
Augusts nach antiken Vorbildern geschaffen, im Mai 1787
wurde der »Altar mit der Schlange« hier aufgestellt.

Derlei war damals Mode. Auch Goethe selbst hatte schon
anno 77 in seinem Garten am Stern einen ähnlichen »Altar

des guten Glückes« errichtet. Nun fand er, aus Italien zurückkehrend, diesen neuen an nicht weniger vertrauter Stätte: mit der Inschrift »Genio huius loci« auf dem Säulenstumpf eine zarte Huldigung des fürstlichen Freundes für den Dichter. Denn wer konnte denn der »gute Geist dieses Ortes« sein, wenn nicht er, auf dessen schöpferische Ideen die ganzen Parkanlagen ringsum doch zurückgingen?

So wenigstens die eine Deutung der rätselhaften Worte. Andere meint, der Herzog hätte gewußt, daß Goethen mit dem heimlich-stillen Platze liebe Erinnerungen verknüpften, der seltsame Stein also ein »Denkmal des Glücks« im Goetheschen Sinne wäre wie so manches andere Monument im Park. Man denke nur an jene Steintafel in Goethes Garten, die Frau von Stein gilt! Sie allerdings ist beredter, die Lettern, die ihr eingegraben, erzählen rührende Legende:

> »Hier im stillen gedachte der Liebende seiner
> Geliebten;
> Heiter sprach er zu mir: Werde mir Zeuge,
> du Stein!
> Doch erhebe dich nicht, du hast noch viele
> Gesellen;
> Jedem Felsen der Flur, die mich, den
> Glücklichen, nährt,
> Jedem Baume des Walds, um den ich wandernd
> mich schlinge:
> Denkmal bleibe des Glücks! ruf ich ihm
> weihend und froh.
> Doch die Stimme verleih' ich nur dir, wie unter
> der Menge
> Eine die Muse sich wählt, freundlich die
> Lippen ihm küßt.«

Wo sind sie, diese »Gesellen«? Diese unsichtbaren Geschwister von Schlangenstein und Charlotten-Tafel?

Felsen der Flur und Bäume des Waldes, sind sie überall, wo Goethe jemals geweilt, sein guter Geist Ort und Stätte begnadet. Sie zu finden, braucht man sich nur ein wenig in seine Tagebücher und Briefe zu vertiefen, die so stark Beschwörung verklungener Leiden und Freuden hauchen. Wer, diese monumenta liebender Erinnerung fromm im Herzen tragend, durch die Landschaft wandert, die Goethe-Spuren kreuzen, der begegnet auf Schritt und Tritt solchen unsichtbaren »Denkmälern des Glücks«; er sieht in manche Baumesrinde geschnitten, in manche Felswand gegraben, auf manche Tapete geschrieben, in manches Fenster geritzt die drei geheimnisvollen Worte: Genio huius loci ... sieht sie im Geiste, wie er sie auf dem »Felsenweg« im Park zu Weimar, von Ahnen hold bedrängt, am Schlangenstein in Wirklichkeit gesehen.

Von solchen nicht in Erz und Stein sich deutlich kündenden Stationen des Goethe-Weges soll hier die Rede sein.

Goethe im Harz ...

Sofort setzt die Erinnerung ein: natürlich, »Harzreise im Winter«! Und doch ist diese Harzreise im Winter, die durch das wundervolle Gedicht des Achtundzwanzigjährigen und durch die Brahmssche Rhapsodie Ewigkeitsprägung erhalten hat, nur eine, die erste, und Goethe ist danach noch dreimal im Harz gewesen. Schon allein der Einfluß, den die drei Brockenbesteigungen auf Goethes »Faust« gehabt haben, sollte ein Wissen darum über das enge Gebiet der Forschung hinaus zumindest bei allen denen voraussetzen lassen, die immer wieder mit allen Sinnen den romantischen Zauber der Walpurgisnächte in den beiden Teilen des »Faust« erleben und empfinden, sei es im Theater, wenn all der Hexenspuk auf der halbhellen Bühne vorübertaumelt und Faust und Mephistopheles durch Glimmergründe zum Brocken hinaufsteigen, sei es in der Stille des abendlichen Zimmers bei der Lektüre, wenn das Auge zu der Stelle gelangt: »Harzgebirg. Gegend von Schierke und Elend,« sei es im Konzertsaal, wenn Mendelssohns Vertonung der »Ersten Walpurgisnacht« zu Musik werden läßt, was bisher nur als Wort in uns gebrannt ...

Aber das Wissen darum ist spärlich. Nicht alle Harzreisen Goethes haben wie die erste des Winters 1777 dichterische Verklärung gefunden, und so viele und so reiche Zeiten seines Lebens der Dichter später sich und uns auch nacherzählt hat, gerade über die elf Jahre in Weimar, die bis zur Italienischen Reise reichen und die das Verhältnis zu Frau von Stein mit Duft überhaucht, hat er sich, ähnlich wie über die späteren Jahre mit Schiller, ausgeschwiegen. Nur die Schweizerreise von 1779 macht eine Ausnahme.

Wer sich in diese Zeit versenken will, ist auf die

Tagebücher und die Briefe, vor allem auf die Briefe an Charlotte von Stein, angewiesen. Wie schön fügt sich, geht man erst einmal an diese »Arbeit« heran, ein Steinchen ans andere, um schließlich das wunderbare Mosaik zu ergeben, das Goethes Leben gerade in dieser strahlenden, von Jugend, Liebe, Sehnsucht wirr verklärten Zeit, tausendfarbig auf Goldgrund widerspiegelt! Tag schließt sich an Tag, Woche an Woche, Jahr an Jahr, und über allem steht in milde schimmernder Gloriole: »Alles um Liebe.« Und da steigen dann auch, geweckt vom Willen zur Hingabe, aus der Vergessenheit die Epochen herauf, um die bisher ungewissestes Zwielicht zitterte. »Goethe im Harz« — solange eine Formel, die wenig oder nichts besagte und höchstens diesen oder jenen einmal zu den Gedichten greifen ließ, um dort die »Harzreise im Winter« nachzulesen — diese erstarrte Formel wird zu leidenschaftdurchglutetem Leben, das Stumme gewinnt Sprache und zieht den Freund der deutschen Landschaft in ähnliche Zauberkreise wie Anspruchsvollere die Schilderung der Italienischen Reise.

Es war Ende November 1777. Weimar lag bereits im Winterschlaf. Da unternahm der Herzog eine Jagd auf wilde Schweine im Eisenachschen. Goethe, über die erste wilde Zeit in Weimar schon längst hinaus und Charlotte von Stein, der »lieben Frau«, bereits ganz hingegeben, stand der Sinn nach anderem als lautem Jagdvergnügen; er hatte einen »wundersamen geheimen Reiseplan«, erwirkte sich kurzen Urlaub und wollte erst später wieder mit der Jagdgesellschaft zusammentreffen. Ihn bekümmerten nämlich — wie er selbst mehr als vierzig Jahre später in der »Campagne in Frankreich« erzählt — Briefe eines jungen Theologen aus Wernigerode, eines gewissen Plessing, den tiefste seelische Nöte quälten und der sich an Goethe, den berühmten Dichter des »Werther«, um Hilfe gewandt hatte. Ihn wollte er besuchen. Gleichzeitig wollte er einmal das Harzer Bergwesen aus eigener Anschauung kennen lernen, um das, was er dort sehen würde, nutzbringend für das in Verfall geratene Bergwerk in Ilmenau, das wieder in Gang gebracht werden sollte, zu verwenden. An diese »Reise auf den Harz« hatte er schon lange gedacht, jetzt verwirklichte er sie.

Am 29. November bricht er auf, »in wunderbaar dunckler Verwirrung« seiner Gedanken, wie er an Frau von Stein schreibt. Weitere Briefe an diese, sein »lieb Gold«, das Tagebuch und die schon erwähnte nachträgliche, allerdings nicht ganz genaue Beschreibung des Besuchs bei Plessing in Wernigerode aus der »Campagne« geben ein fast lückenloses Bild dieser ersten Harzreise, das noch ergänzt wird durch die literarische Erklärung des Gedichts »Harzreise im Winter«, die Goethe 1821 im 3. Band von »Kunst und Altertum« auf den Kannegießerschen Deutungsversuch hin veröffentlichte.

Ein »bizarres Abenteuer« nennt er selbst in dieser Erklärung die Reise, und bizarr genug war sie. Ganz alleine reitet er los, in Nacht und Schnee hinein, immer in stiller Seelenzwiesprache mit der geliebten Frau, die an allem teilnehmen muß; heißt Weber, ist ein Maler, hat Jura studiert, beträgt sich höflich gegen jedermann und ist überall wohl aufgenommen, hat auch bisweilen Heimweh. Notizbuchblätter, in heftigstem Mitteilungsdrang den Briefen schnell noch nachgesandt, geben die Stationen im einzelnen an: Nordhausen, Sachswerben, Ilefeld sind die ersten. Im regnerischen Elbingerode, hoch zwischen Rübeland und Dreiannenhohne gelegen, formen sich die ersten Verse des unsterblichen Gedichts:

»Dem Geier gleich,
Der, auf schweren Morgenwolken

Mit sanftem Fittich ruhend,
Nach Beute schaut,
Schwebe mein Lied!«

Der Besuch der Baumannshöhle, in der er bei Fackellicht bewundert, wie die »schwarzen Marmormassen, aufgelöst, zu weißen kristallinischen Säulen und Flächen wiederhergestellt« sind, läßt ihn das Begonnene, wieder ans Tageslicht zurückgekehrt, »mit ganz frischem Sinn« fortsetzen … auf Klippen sitzt er herum und zeichnet und dichtet. Und schreibt inzwischen nach Weimar, als ob er in der Einsamkeit der Harzberge sich so recht besonnen hätte: »Ich hab' Sie wohl sehr lieb.« Träumt von der Grünen Stube, träumt von heimlicher Stunden verschwiegenem Glück, und ein Handschuh Charlottens, heimlich auf die Reise mitgenommen, muß ihm den Duft der geliebten Frau vor die sehnsüchtig erregten Sinne zaubern …

Dann, am 3. Dezember ist er in Wernigerode, bei Mr. Plessing. Die köstliche Erzählung dieses abendlichen Besuchs in der »Champagne« deutet reizvollst den »damaligen liebevollen Zustand seines Innern«; das Abenteuerliche — Goethe gibt sich nicht zu erkennen, hört sich selbst aus Plessings Munde seines Schweigens wegen anklagen, muß sich gleichsam selbst entschuldigen, lüftet aber trotz alledem nicht die behagliche Maske — verleiht dem Ganzen die Spannung einer Novelle, und die winkligen Gassen Wernigerodes tief im Schnee, darüber der sternenklare Winterhimmel, ergeben ein Bild von bezauberndem Reiz! Daß Goethe den armen Plessing nun im Stiche läßt, ihn nicht mehr am andern Tage wieder aufsucht, sondern fortreitet, ist wieder ganz er selbst. Für ihn war die Sache eben abgetan. Wie tief er aber doch die flüchtige Episode seelisch empfand, das bezeugt die Fortsetzung des Gedichts:

»Ist auf deinem Psalter,
Vater der Liebe, ein Ton
Seinem Ohre vernehmlich,

So erquicke sein Herz!
Öffne den umwölkten Blick
Über die tausend Quellen
Neben dem Durstenden
In der Wüste!«

Und das Notizbuch registriert weiter: »Über Ilsenburg auf
Goslar. Bei Schefflern eingekehrt. Ingrimmig Wetter.« Die
Briefe ergänzen: »Ein ganz entsezlich Wetter hab ich heut
ausgestanden. Was die Stürme für Zeugs in diesen Gebürgen
ausbrauen ist unsäglich, Sturm, Schnee, Schloßen, Regen,
und zwey Meilen an einer Nordwand eines Waldgebürgs her
...« In Goslar aber ist er »wieder in Mauern und Dächern
des Alterthums versenckt«. Von den Harzbewohnern sagt
er: »Wie sehr ich wieder, auf diesem dunklen Zuge, Liebe zu
der Klasse Menschen gekriegt habe, die man die niedere
nennt, die aber gewiß vor Gott die höchste ist. Da sind doch
alle Tugenden beisammen, Beschränktheit, Genügsamkeit,
grader Sinn, Treue, Freude über das leidlichste Gute,
Harmlosigkeit, Dulden, Ausharren.« Er besucht die
Bergwerke am Rammelsberg, die Hüttenwerke an der Oker,
fährt in Klausthal in die Gruben ein, wo er beinahe von
herabstürzender Wacke erschlagen wird. Er empfindet es als
seltsam, »aus der Reichsstadt, die in und mit ihren
Privilegien vermodert, hier heraufzukommen, wo von
unterirdischem Segen die Bergstädte fröhlich nachwachsen«
und schläft sich am 9. Dezember in Altenau von all dem
Erlebten der letzten Tage »unendlich« aus.

Nun jedoch, wo er sich immer »tiefer ins Gebürg
gesenckt«, seine Sehnsucht, den Brocken zu besteigen, der
Erfüllung nahe ist, nehmen die Briefe an Frau von Stein fast
hymnischen Charakter an: »Was soll ich vom Herren sagen
mit Federspulen, was für ein Lied soll ich von ihm singen?
im Augenblick wo mir alle Prose zur Poesie und alle Poesie
zur Prose wird.«

Am 10. Dezember erklimmt er den Brocken, vom Torfhaus aus, über Schnee und Eis hinweg — allein geleitet vom Förster aus dem Torfhaus. Das Notizbuch meldet: »Was ist der Mensch daß du sein gedenkest.« Es war ein halsbrecherisches Unternehmen — und war ein Erlebnis von Ewigkeitswert. Nun lüftet er auch das Geheimnis, in dem er sich selbst vor der geliebten Frau geborgen hatte, waren doch sogar alle Briefe an sie ohne Ortsangabe gewesen! »Ich will Ihnen entdecken (sagen Sie's niemand), daß meine Reise auf den Harz war, daß ich wünschte den Brocken zu besteigen, und nun, Liebste, bin ich heut oben gewesen ...«

Über Klausthal, Andreasberg, Lauterberg, Duderstadt — immer in Nebel, Kot und Regen —, schließlich über Mühlhausen gelangt er am 15. Dezember, also nach reichlich vierzehn Tagen, nach Eisenach, wo er die herzogliche Jagdgesellschaft vollzählig antrifft. Aber die Jagd war aus, und zwei Tage später ist er schon wieder in Weimar. Wo er das Gedicht vollendet hat, ist ungewiß, vielleicht noch unterwegs, vielleicht auch erst in Weimar. Wie stark der Eindruck der Brockenbesteigung aber gewesen sein muß, das gibt der psalmenartige Schluß der »Harzreise im Winter« ergreifend wieder — es ist, als ob der Brockensturm darin sein uraltes Lied singt, vom leisen Säuseln bis zum wütenden Orkan, es ist, als ob man die Donner einer Beethovenschen Sinfonie hörte:

»Mit dem beizenden Sturm
Trägst du ihn hoch empor;
Winterströme stürzen vom Felsen
In seine Psalmen,
Und Altar des lieblichsten Danks
Wird ihm des gefürchteten Gipfels
Schneebehangner Scheitel,
Den mit Geisterreihen
Kränzten ahnende Völker.
Du stehst mit unerforschtem Busen
Geheimnisvoll offenbar
Über der erstaunten Welt
Und schaust aus Wolken
Auf ihre Reich und Herrlichkeit,
Die du aus den Adern deiner Brüder
Neben dir wässerst.«

———————————

Für die zweite Harzreise, im September 1783, sechs Jahre später also, unternommen, fließen die Quellen spärlicher. Keine spätere Aufzeichnung, nichts Dichterisches, kein Tagebuch legen Zeugnis davon ab; wir sind allein auf die Briefe an Frau von Stein angewiesen. Nur ein Bericht des Zellerfelder Oberberghauptmanns v. Trebra gibt noch Ergänzungen.

Fritz von Stein
Statue von M. Klauer
in Schloß Tiefurt

Am 6. September tritt er die Reise an, diesmal mit Fritz von Stein, Lottes Lieblingssohn, zusammen, den Goethe Anfang 1783 zu sich genommen hatte und erzog. Es ist nicht recht ersichtlich, ob es anfangs eine Art Dienstreise war und erst später zur Vergnügungsreise wurde, oder ob Goethe sie unternommen hatte, um einmal, viel belästigt, wie er damals war, auszuspannen und im Harz seinen geognostischen Liebhabereien zu frönen. Er besuchte zunächst in Langenstein die Frau von Branconi, die »schöne Frau«, wie sie allenthalben hieß, die er 1779 in Lausanne kennen gelernt hatte. Sie war die Geliebte des

Herzogs Carl Wilhelm Ferdinand von Braunschweig. Frau von Stein war ein wenig eifersüchtig auf sie, und Goethe neckt sie in einem Briefe, daß sie »immer Sturm und leidig Wetter gemacht« hätte, solange er bei der schönen Frau gewesen wäre ...

In Halberstadt will er dann die Herzogin erwarten, aber ein kleiner Abstecher von zwei Tagen führt ihn und Fritz erst nach Blankenburg, von wo aus sie bei schönstem Herbstwetter das Bodetal besuchen: »Wallfahrt nach dem Rostrapp«. Goethe wünscht, daß Frau von Stein dabei gewesen wäre, als er »mit Fritzen auf einem großen in den Fluß gestürzten Granitstück« zu Mittag gegessen habe ... wie heimlich und reizend mutet das an, wenn man selbst das Bodetal genau kennt und dort in frühen Jahren selbst mit einem väterlichen Freunde auf den blankgewaschenen Steinen herumgeklettert ist! Nun wird es ja zu Goethes Zeiten noch etwas unwirtlicher ausgesehen haben, als in meinen Knabenjahren, und einen »Waldkater«, wo man Forellen frisch aus der Bode essen konnte, wird es auch noch nicht gegeben haben!

Tags drauf waren die beiden dann »im Rübelande«, haben die Marmorbrüche und die Mühle besichtigt, Goethe hat, Erinnerungen auffrischend, Fritz die Baumannshöhle gezeigt, und immer hat er Frau von Stein an den schönsten Stellen »sehnlich« zu sich gewünscht ... »hier im stillen gedachte der Liebende seiner Geliebten«, mag er nun von uralter Steinbrücke herab auf das Dahinschießen des Wassers gestarrt und kleinen Glitzerwellen Grüße aufgetragen haben nach dem stillen Kochberg, oder mag er in manchem Felsen, mancher Klippe »Gesellen« jenes Steins begrüßt haben, der im Garten am Stern über seinem Lieblingssitze in den Rasenhang eingelassen war ... Denkmäler des Glücks! Und nach kurzem zweiten Aufenthalt in Halberstadt, wo inzwischen die Herzogin eingetroffen war, geht's dann im 17. September nach

Klausthal und Zellerfeld, wo Goethe sich »recht in seinem Elemente« befindet; er freut sich, daß er mit seinen »Spekulationen über die alte Kruste der neuen Welt« auf dem rechten Wege ist, und »füttert sich mit Steinen an«. Am 21. September erklettern sie, vom Oberberghauptmann von Trebra aus Zellerfeld geleitet, vom Torfhause aus den Brocken; der alte Förster Degen vom Torfhaus erkennt Goethe, den er 1777 durch Schnee und Eis auf den Brocken geführt hat. Er meint: »Nun! da kommen Sie denn doch noch einmal, in einer besseren Jahreszeit den Brocken zu besuchen,« und fährt fort: »Sie würden dorten, als Sie mitten im Winter von mir begehrten, daß ich Sie auf den Brocken führen sollte, mich mit allen Ihren guten Worten doch gewiß nicht beredet haben, Ihr Führer zu sein, wenn nicht eben durch den gar zu starken Frost eine harte Rinde über den tiefen Schnee gezogen gewesen wäre, die uns tragen konnte.«

Nun, diesmal war der Aufstieg nicht so gefährlich und beschwerlich, und »oben auf dem Gipfel auf den alten Klippen«, wo Goethe wohl die ersten wirklichen Eindrücke für die Brockenszenerie des »Faust« empfing, hat er sich nach Charlottes ferner Wohnung umgesehen und ihr »die Gedancken der lebhafftesten Liebe« zugeschickt — derweilen ihr Knabe, der Sohn eines anderen und ihm doch lieb wie sein eigener, um ihn herumsprang. Auch hier also: Genio huius loci!

Damit hatte die zweite Harzreise ihr Ende erreicht. Denn Göttingen, wo Caroline Michaelis, die spätere Frau Schlegels und Schellings, ihn flüchtig sah und sehr bewunderte, und Cassel, wo Goethe am Hof Besuche machte, gehören nicht mehr hierher.

Und zum dritten: Ein Jahr später! Erholungs-, Dienst- und Forschungsreise in eins. Denn Goethes geognostische Studien hatten inzwischen immer festere Gestalt angenommen, waren aus früher Spielerei zu ernster wissenschaftlicher Betätigung geworden: der Geist, der alle Gründe und Abgründe des Seins durchdrang, rätselte am Realsten, Gegenständlichsten, am Boden der alten Mutter Erde.

Hofrat Kraus war diesmal der Begleiter, Georg Melchior Kraus, auf Goethes Betreiben, der ihn schon 1769 in Frankfurt a. M. kennengelernt hatte, seit 1780 Direktor der neu gegründeten Weimarer Zeichenschule. Er sollte das, was Goethe auf dieser dritten Harzreise interessant dünkte, im Bilde festhalten, und durch die Zeichnungen von Kraus, die leider bis auf wenige, die in einem Werke Trebras veröffentlicht sind, unzugänglich sind, erhält diese Reise noch mehr wissenschaftlichen Charakter.

Diesen bezeugt auch das ernsthaft geführte »Geognostische Tagebuch der Harzreise«. Hauptquelle sind aber auch hier die Briefe an Frau von Stein, diese unerschöpflichste Fundgrube, und diese Quelle ist diesmal besonders interessant, weil das Verhältnis zwischen Goethe und Lotte von Stein sich schon dem Punkte näherte, wo es kein Darüberhinaus mehr gab; der Siedepunkt war so gut wie erreicht, und das unsagbar herrliche Gedicht, das Goethe von dieser Reise aus, aus Braunschweig, an die Geliebte richtet, jenes:

> »Gewiß, ich wäre schon so ferne, ferne,
> Soweit die Welt nur offen liegt, gegangen,
> Bezwängen mich nicht übermächt'ge Sterne,
> Die mein Geschick an deines angehangen,
> Daß ich in dir nun erst mich kennen lerne.
> Mein Bitten, Trachten, Hoffen und Verlangen
> Allein nach dir und deinem Wesen drängt,
> Mein Leben nur an deinem Leben hängt«

spricht doch am deutlichsten für das schon zwiespältige Gefühl, das ihn in gleicher Weise von dieser Frau entfernte wie wieder zu ihr hintrieb, und das erst in der Flucht nach Karlsbad zwei Jahre später Erlösung fand.

Am 8. August begann die Reise. Der Tag, an sich nichts weiter als ein Reisetag wie viele andere auch, wurde von der allergrößten Bedeutung für Goethes Dichten: entstand doch an ihm die »Zueignung«! Schon der erste Briefzettel an Frau von Stein, aus Dingelstädt, »Abends 10 Uhr«, berichtet: »Zwischen Mülhausen und hier ist uns seine Axe gebrochen und wir haben müssen liegen bleiben. Um mich zu beschäfftigen und meine unruhigen Gedancken von Dir abzuwenden, habe ich den Anfang des versprochenen Gedichtes gemacht, ich schicke es an Herders, von denen erhältst Du es.« Dies Gedicht waren »Die Geheimnisse«, und die herrlichen Anfangsstrophen hat Goethe später eben als »Zueignung« vor seine Werke gesetzt.

Im übrigen brachte die Reise Goethe eigentlich nur Bekanntes und Vertrautes. Erinnerung gibt ihm auf Schritt und Tritt unsichtbares Geleit. Aber diese Erinnerung gilt noch immer — im Gegensatz zur letzten Harzreise von 1805, wo der Bruch mit Frau von Stein schon fast wieder geheilt war — der fernen Geliebten in Weimar, und ist also auch von immer neu erregender Süßigkeit. So heißt es einmal in den Briefen an Charlotte: »Ich freue mich die Berge wiederzusehen, die ich schon vor Jahren mit Sehnsucht zu Dir im Herzen bestiegen habe.« Und ein andermal: »Wie Deine Liebe mir nah ist, mag ich nicht sagen. Vor sieben Jahren schrieb ich Dir auch von hier …«

Das war in Elbingerode.

Der Weg ist diesmal recht einfach. Über Zellerfeld und Goslar geht es nach Braunschweig, wo Goethe bei Hofe zu tun hat, längere Tage, und von Braunschweig über Goslar, den Brocken, das Bodetal nach einem neuerlichen Besuch bei Frau von Branconi, »la fée de Langenstein dont tu — schreibt er an Frau von Stein — ne seras pas jalouse«, zurück nach Weimar zu »sa douce, son adorable amie«.

Hauptpunkte sind auf dieser Reise eigentlich nur der Brocken und das Bodetal mit dem Roßtrappfelsen. Den Brocken besteigen die beiden Reisenden von Goslar aus am 4. September, — es ist das dritte- und letztemal, daß Goethe oben ist. Sie finden diesmal schon ein Brockenhaus vor, und Goethe zeichnet sich in das Fremdenbuch mit dem folgenden Spruche aus dem »Astronomicon« des Manilius ein:

»Quis coelum posset nisi coeli munere
    nosse
Et reperire Deum nisi qui pars ipse
    Deorum est.

d. 4. Sept. 1784   Goethe.«

Der Roßtrapp-Felsen im Bode-Thal
»*... ie resterai encore quelques jours avec Krause entre les rochers du*
Rosstrapp ...«.
Goethe an Frau von Stein am 31. August 1784

Im Bodetal, das sie von Elbingerode-Rübeland aus, dem

Flußlauf abwärts folgend, hinabwanderten, haben sie dann »alle Felsen der Gegend angeklopft«, und »Krause hat ganz köstliche Dinge gezeichnet«. Über »den Roßtrapp« enthalten die Briefe nichts mehr. Auch der schöne Brief an Herder aus Elbingerode, der, alles in allem, in dem Jubellaut gipfelt: »... die Tage sind herrlich,« verrät nur Hoffnungen: »Morgen und übermorgen geht's an der Bude hinunter, wir werden an den Fall gelangen, wo dieses Flüßchen hinter dem Roßtrapp hinabstürzt. Zwischen diesen Felsen hoff ich noch viel für meine Spekulation, es ist ein Durchschnitt, der sehr lehrreich ist.« Über all dies erzählt das »Geognostische Tagebuch« trotz seiner Kürze und Trockenheit mehr, und wer zwischen den Zeilen zu lesen versteht und das Bodetal bei Treseburg kennt, der wird sich mit einiger Phantasie ausmalen können, wie Goethe und Kraus sich durch die zerklüfteten Schluchten und Engpässe hinquälten. Ab und zu halten die beiden inne. Dann fliegen Felleisen und Mantelsack ins Gras. Kraus greift zu seiner Skizzenmappe. Goethe aber, immer noch jugendlich schlank, in Reiserock und Dreispitz, schreitet gelassen zwischen den wirren Felstrümmern hin und her, beklopft gebückt Wand um Wand, und sein Hammer lockt aus dem starren Granit Hall und sprühende Funken. Ist es ein Mensch oder ist es mehr als ein Mensch, der da den stummen Bergen ihr letztes Geheimnis entreißen will? ... »Werde mir Zeuge, du Stein!« Wer hat's gesprochen? Niemand. Nachhall des Herzens äfft uns. Aber doch sind diese Steine, diese wilden Felsen längs der Bode Zeugen dessen, daß ein Großer sie einst angerührt, bei ihrem dumpfen Erklingen vielleicht an die Frau gedacht hat, die er, ach! so bald verlassen sollte, um sie nie wiederzufinden.

»Lebe tausendmal wohl!« — das ist das letzte Wort, das sie damals aus dem Harz erhielt. Es wohnt noch jetzt im Echo der heiligen Harzberge.

Und 1805. Schiller ist im Mai gestorben. Goethe, schon zu Beginn des Jahres schwer krank, kränkelt von neuem. Wird sichtlich alt. Die Hälfte seines Daseins habe ihm Schillers Tod entrissen, klagt er dem neuen Freunde Zelter. Da besucht ihn im Juni der Philologe Friedrich August Wolf aus Halle und muntert ihn ein wenig auf. Die Badekur im nahen Lauchstädt, wo ihn Christiane, sein »kleiner Hausgeist«, pflegt, scheint die Erholung zu vollenden, und als Christiane am 12. August nach Weimar zurückkehrt, fährt Goethe mit seinem Sohne August nach Halle zu Wolf. Der Besuch wird Wohltat, die Zerstreuung ist Medizin für Goethe. Und ob er nun, als er nach Halle reiste, schon an einen Abstecher in den Harz gedacht, oder ob der immer unternehmungslustige Wolf ihn erst dazu angeregt hat — gleichviel: nach kurzem Aufenthalt in der Saalestadt fuhren die drei heiter und guter Dinge los. »Mein humoristischer Reisegefährte,« erzählt Goethe selbst später in den Annalen, »erlaubte gern, daß mein vierzehnjähriger Sohn August Theil an dieser Fahrt nehmen durfte, und dieses gereichte zur besten geselligen Erheiterung.«

So gewinnt diese vierte und letzte Harzreise Goethes eine hübsche Beigabe: Vaterfreude verklärt sie. Diese Vaterfreude spiegeln deutlich die Briefe an Christiane, die Mutter. Lassen sie auch die leichten Schatten der Erinnerung erkennen, die dieser hellen Sommertage Glanz hie und da verdunkelt haben mögen? Denn wie anders sah er die Berge wieder, die er einst im ersten Rausche junger Liebe erstiegen! Achtundzwanzig Jahre waren es her, daß er abenteuerlustig mitten im Winter auf den Brocken geklettert war; jetzt sah er ihn von weitem, von Thale aus, winken ... er lockte ihn nicht mehr. Mehr als die Berge reizten ihn diesmal seltsame Menschen. Ihnen galt ja auch die Reise. Goethe selbst hat sie ausführlich, wie gesagt, in seinen Annalen geschildert;

stellenweise gehört diese 1822 abgefaßte Schilderung zum Schönsten, was wir in Prosa überhaupt von Goethe besitzen; besonders gegen Ende blüht die Harzlandschaft noch einmal in so wundervollen Farben auf, daß man nur bedauert, daß der Dichter nicht auch auf die Harzreisen von 1783 und 1784 noch einmal eingegangen ist. Aber auch hier mag er wohl nicht an etwas haben rühren wollen, was er für immer begraben hatte ... die Wunde, die er Frau von Stein geschlagen hatte, schmerzte wohl am tiefsten ihn!

Ja, ein wie anderer war er geworden, als er diese vierte Harzreise antrat. Ein Leben lag hinter ihm. Die italienische Reise hatte ihn von der Frau getrennt, die ihm einst Inhalt und Sinn des Lebens gewesen, eine andere hatte ihm den Sohn geboren, der jetzt im Wagen neben ihnen saß. Diese erhielt jetzt liebevolle Briefe, an jene diktierte er nur einen höflichen Bericht. Freier als diesen beiden gegenüber äußerte er sich zu den Freunden: zu seinem Herzog und zu Zelter, und zwei ausführliche Briefe an Carl August sind es denn auch, die die beste Ergänzung zu der Schilderung in den Annalen bilden.

Man fuhr zunächst von Halle nach Magdeburg, wo Goethe der Dom mit seinen alten Kaiserstatuen besonders interessierte, dann nach Helmstädt, wo man den Sonderling Beireis, einen regelrechten Vorfahren späterer Hoffmannscher Gestalten, besuchte, besah sich in Harbke den schönen Veltheimschen Park mit seinen seltenen ausländischen Hölzern, kehrte auf dem Gute des »tollen Hagen« ein, ging gerne und willig in dem winkligen, stimmungsvollen Mittelalter Halberstadts mit seinem Dom und seinen noch nahen Gleim-Erinnerungen auf und landete endlich im Bodetal.

Goethe sah es nun zum dritten Male, und nach der Schilderung, die er gibt, scheint es nie so stark auf ihn gewirkt zu haben wie gerade diesmal. Sah er mit anderen Augen? Wirkten die Erinnerungen, die ihn mit dieser schönsten Stelle des Harzes verknüpften, verklärend? Hörte er vielleicht als Echo den geliebten Namen, den er einst so oft in diese Berge und Täler gerufen? Sah er sich wieder mit Fritz von Stein auf den Steinen der Bode sitzen ... wer will es wissen? Vor langen, langen Jahren hatte er einmal »im Rübelande«, hart unter der Baumannshöhle, auf einer Brücke gestanden und in das eilig dahinstürzende Wasser der »Bude« geschaut; damals trugen die Wellen Grüße nach Weimar; jetzt stand er am »Hammer« in Thale, ruhig strömte der Fluß in seinem niederen Geröllbett dahin, so ruhig und gelassen, als ob es gar keine Eile, keine Aufregung gäbe, staute sich am Wehr und wurde stiller, dunkler Spiegel. Die großen, dunklen Dichteraugen sahen und begriffen es: Abbild des Lebens, das verrauscht und stille wird wie dieser Fluß.

Da rief ein Klang ihn, kam von irgendwo: »Lebe tausendmal wohl!« Wem hatte einst der Abschiedsgruß gegolten? Erinnerung stöhnte auf. Da war sie wieder, die schlanke Silhouette, die er nicht vergessen konnte, da das schmale Gesicht, da der Blick der heißen Frauenaugen, da das Lächeln, das wehrlos machte ... Vorbei, vorbei! Jetzt saß im Fenster an der Ackerwand, zu dem er so oft hinaufgebetet hatte, eine alte Frau, vergrämt und verbittert, und sann verlorenem, verspieltem Glücke nach ... eine fremde Frau, die nicht ihn und die nicht er verstand. Sie wohnten beide längst auf anderen Sternen. Und da quälte ihn der Klang im Ohr, und er wandte sich.

Über Ballenstedt, Aschersleben, Cönnern ging's wieder nach Halle zurück. Im Wagen lärmte der halbwüchsige August. Noch einmal wurde Lauchstädt kurze Station. Dann aber konnte Christiane, freudestrahlend, wieder Vater und Sohn umfangen. Und da war auch Goethes letzte Harzreise aus.

An der Stelle aber, wo sein Auge zum letzten Male jenes unvergleichliche Panorama, das Roßtrappe und

Hexentanzplatz mit dem Bodetal zusammen bilden, umfangen hat, steht ein Stein. Man sieht ihn nicht, denn er ist nicht sichtbar. Es ist ein imaginärer Stein. Manche sehen die Worte, die darauf stehen. Auch sie lauten: Genio huius loci!

Für uns aber gilt, was Goethe einmal — drei Jahre später — an die Malerin Caroline Bardua schrieb: »Der Brocken wird noch eine Weile auf seinen Füßen stehen bleiben, und die Spur des Roßtritts auch nicht so bald verlöschen ...« Nein, so bald nicht, und mit ihnen wird die Erinnerung an Goethe dauern, dem sie Erschütterung und tiefstes Erlebnis gewesen.

Ilmenau

Goethe-Worte geleiten nach Ilmenau: »Es entfaltet sich ein Trieb, alles, was von der Vergangenheit herauszuzaubern wäre, zu verwirklichen. Die Sehnsucht wächst, und, um sie zu befriedigen, wird es unumgänglich nötig, an Ort und Stelle zu gelangen, um sich die Örtlichkeit wenigstens anzueignen.«

Und nun gelangt man an Ort und Stelle. Langsam klettert der Zug bergauf. Der sanfte Frühlingstag, der Weimar noch in goldener Verklärung zeigte, wandelt sich gemach in Grau. Die linden Lüfte sind hier noch nicht erwacht. Wolken drängen dunkel übers Gebirge, Wind wirft Regen an die beschlagenen Scheiben ... noch ist es früh im Jahr, noch nicht Mai. Die warme Sonne um Goethes Gartenhaus, der Veilchenflor »auf Höhen Ettersburgs, in Tiefurts Tal« waren nur holder Trug. Kaum, daß ein leichter grüner Hauch, der hier und da die kalten Hänge übertuscht, daran erinnert. Fröstelnd steht man am Fenster und schaut in die trübe Landschaft.

Aus feuchten Nebeln taucht Elgersburg. Hoch thront auf steilem Bergkegel das Schloß: Mittelalter, das phantastisch in unsere Zeit ragt. Und die erste Goethe Erinnerung meldet sich. »Auf Wizlebens Felsen, die herrlich sind,« hat Goethe am 8. August 1776 an Frau von Stein, die ihn wenige Tage zuvor im nahen Ilmenau besucht hatte, jene berühmten Verse süßester Liebesschwermut geschrieben:

Ach wie bist du mir,
Wie bin ich dir geblieben!

59

Nein an der Wahrheit
Verzweifl ich nicht mehr.
Ach wenn du da bist,
Fühl ich, ich soll dich nicht lieben,
Ach wenn du fern bist,
Fühl ich, ich lieb dich so sehr.

Und dann kommt Ilmenau. Es hat aufgehört, zu regnen, die Berge dampfen. Die dünnen Bäume vor dem Bahnhof zaust der Sturm. »Anmutig Tal! du immergrüner Hain!« singt Goethe ... der trübe Tag zeigt nichts davon. Nur ab und zu steht hinter freier Gasse, regennassen Dächern groß die dunkle »Sturmheide«, in deren Tannen sich die letzten Gassen Ilmenaus verlieren, Bergluft weht, und einmal rauscht irgendwo ein Wehr. Das ist die Ilm! sagt man sich. Aber man sieht sie nicht, findet sie auch nicht. Uraltes Gemäuer führt den Fremdling irre, winkelt ihn immer wieder aufs neue ein.

»Hier hat Goethe 1831 seinen letzten Geburtstag verlebt,« meldet eine unscheinbare Tafel am »Goldenen Löwen«. Sie ist unter den Fenstern des Zimmers angebracht, das er damals bewohnt hat ... damals. Ein Jahrhundert fast ist darüber hingegangen, Throne sind gebrochen, Nord und West und Süd zersplittert, aus einer grauenhaft verwandelten Welt blickt der Enkel, der Erbe nun in diese selige Vergangenheit. Und aus dem Zwielicht der engen, altertümlichen Gaststube lösen sich heimliche Schatten und leisten dem einsamen Gast Gesellschaft.

———————————————

Mai 1776. In Weimar läuft die Meldung ein, daß es in Ilmenau brennt. Von einem Husaren begleitet jagt Goethe noch nachts hinüber. Kurz und bündig das Tagebuch: »d. 3. Nach Ilmenau. Brand.« Mitteilsamer die Briefe, die tags darauf an den Herzog und Frau von Stein abgehen. Sie umschreiben in wenigen Worten das große seelische Erlebnis, das dieser erste zufällige Besuch Ilmenaus für ihn bedeutete und das ihn für immer an die arme Bergstadt ketten sollte ... »Um diese Zeit sollt ich bey Ihnen seyn,« schreibt er an die geliebte Frau, »sollte mit bey Kalbs essen und sizze aufm Thüringer Wald, wo man Feuer löscht und Spizbuben fängt.« — Und in dem Bericht an den Herzog: »Bey der Gelegenheit, zieh ich von manchem Erkundigung ein, habe traurig die alten Ofen gesehen. Aber die Gegend ist herrlich, herrlich!«

Das Feuer war bald gelöscht, und auf die »Spizbuben« fahndeten die Husaren weiter. Goethe aber locken »Erdgeruch und Erdgefühl« trotz Sturm und Regen unwiderstehlich in die Berge. Auf einsamster Wanderung denkt er in »rastloser Liebe« der Frau im fernen Weimar, der er sich in wunderlichem Schicksal aus »abgelebten Zeiten« her so eng verbunden fühlt wie keiner Frau jemals zuvor:

> Dem Schnee, dem Regen,
> Dem Wind entgegen,
> Im Dampf der Klüfte,
> Durch Nebeldüfte,
> Immer zu! Immer zu!
> Ohne Rast und Ruh!
>
> Wie soll ich fliehen?
> Wälderwärts ziehen?
> Alles vergebens!
> Krone des Lebens,
> Glück ohne Ruh,
> Liebe, bist du!

Und sie schreibt gleichzeitig an Zimmermann, den Freund und Arzt: »Jetzt nenn ich ihn meinen Heiligen und darüber ist er mir unsichtbar worden, seit einigen Tagen verschwunden, und lebt in der Erde fünff Meilen von hier im Bergwercke.«

———————————————

Die alten Öfen, das Bergwerk — das hat Goethe neben den Offenbarungen der Natur an das bescheidene Städtchen gefesselt. Seit Jahr und Tag lag das alles brach. 1739 waren die Gruben bei einem Deichdurchbruch »ersoffen«, und der Wohlstand, den sie Ilmenau gebracht, hatte sich in Armut und bittere Not gewandelt. Nun besuchte Goethe, schon damals leidenschaftlich bemüht, in den Tiefen der Erde »der großen formenden Hand nächste Spuren« zu entdecken, gerne, als Wink des Schicksals betrachtend, die verlassenen Werke, war »auf den Hämmern«, stand grübelnd immer wieder vor den verwahrlosten Öfen des toten Silberbergwerks. Mitleidig dachte er der notleidenden Bevölkerung, der »armen Maulwürfe«, die hier auf eigene Faust in der Erde, in den Klüften und Schlüften der Sturmheide herumkrochen und doch von dem kargen Ertrag kaum ihr Leben fristen konnten ...

Im Juli 1776 trat dann auf seine Berichte hin in Weimar eine »Bergkommission« zusammen, der er selbst angehörte und deren Aufgabe die Wiederbelebung des Ilmenauer Bergwesens war. Damit begann für das arme Ilmenau eine kurze Epoche neuen Glanzes, neuen Wohlstandes. Der Herzog, von Goethe für die Idee gewonnen, weilte oft in Ilmenau, höfisches Leben brachte bescheidenen Prunk, Jagden erfüllten die stillen Berge mit frohem Lärm.

Von dieser Zeit träumt Ilmenau noch heute.

Träumt Ilmenau noch heute. Denn es ist, trotz Glasindustrie und Technikum, eine tote Stadt. Leben bringt immer erst der Sommer, bringen erst die Fremden. Sie wohnen in den Villen am Waldrand. Dann wird die Lindenstraße, die »Allee«, die noch, als Goethe zum erstenmal nach Ilmenau kam, recht und schlecht der »Endleich« hieß und ein elender kahler Fahrweg war, Kurpromenade, — harmlos genug: ein paar Konditoreien, ein Café mit Terrasse, ein paar hübsche blanke Läden, das ist alles. Immer aber schwebt über dem Heute geisterhaft der Hauch des Gestern. Noch steht dem »Goldenen Löwen«

gegenüber, unwirsch in die Häuserzeile gezwängt, ein Turm des alten Endleichstores. Die alten Wappen schauen verdrießlich in die neue Zeit. Noch steht der »Löwe« selbst mit seiner wettergrauen Front genau so behäbig da wie damals, als Goethe hier gewohnt, noch Knebels Haus mit seiner langen Fensterreihe, noch, am Ende der Allee, der Gasthof zur Tanne, an dem die Ilm vorüberströmt und jetzt das »Bad« beginnt ... und da ist auch, ein paar Schritte den Fluß hinauf, der »Felsenkeller«. Eine Inschrift am Giebel erzählt, daß dieses »Etablissement« 1811 erbaut worden ist »zu Nutz und Frommen der ehrsamen Bürger Ilmenaus«. Oder so ähnlich. Das Ganze, mit Saal, Logierhaus, Ausspann und Brücke, ein Stich der Zeit. Nur die Staffage fehlt, die diese Stiche immer haben: die gelbe Postkutsche, die schweren Landauer, die Herren und Damen im Kostüm der zwanziger Jahre. Das muß die Erinnerung dazu geben.

Sie gibt es dazu. Sie begleitet auf Schritt und Tritt. Der Fuß Goethes hat Weg und Straße hier geadelt in alle Ewigkeit. Sein Wesen wirkt geheimnisvoll in Stein und Baum und Welle, und die Luft, die man atmet, ist süß und rein wie die in Weimar und Tiefurt – ob nun die Sonne goldenen Glanz über die alten Gassen streut, Wind sie durchbraust, Regen graue Schleier spinnt, Schnee die Stadt in weiße Stille bettet ...

———————————————

Und so wandert man an einem Morgen in die Berge. Hinauf zum Gickelhahn. Noch immer scheint die Sonne nicht, kalter Wind weht, der Himmel ist grau, und »die Täler dampfen alle an den Fichtenwänden herauf« – wie Goethe am 22. Juli 1776, zum zweitenmal in Ilmenau, an Charlotte schreibt. Denn trotz des Sommers hat auch er damals unholdes Wetter gehabt. Mit dem Herzog zusammen war er nach Ilmenau gekommen. »Wir sind hier und wollen sehen, ob wir das alte Bergwerk wieder in Bewegung setzen,« heißt es in einem Briefe an Merck; »Du kannst denken, wie ich mich auf dem Thüringer Wald herum zeichne; der Herzog geht auf Hirsche, ich auf Landschaften aus, und selbst zur Jagd führ ich mein Portefeuille mit.«

Zeichnen war damals seine Leidenschaft. Es gab dem verstörten Herzen, das sich in Sehnsucht nach der geliebten Frau, nach der Gewissheit ihrer Neigung fast verzehrte, wenigstens für Augenblicke Trost und Ruhe. »Ich hab auf der andern Seite angefangen was zu zeichnen ...« beginnt der erste Brief, den er in diesen Tagen einsamen Waldlebens an Charlotte schickt, fährt jedoch fort: »sehe nur aber zu wohl, daß ich nie Künstler werde.« Und auf der Rückseite einer dieser Zeichnungen, einem Blick in die nebelbrodelnden Täler, stehen die resignierten Verse:

»Ach, so drückt mein Schicksal mich,
Daß ich nach dem unmöglichen strebe.
Lieber Engel, für den ich nicht lebe,
Zwischen den Gebürgen leb ich für dich.«

Daneben aber meldet das Tagebuch: »Nach Stützerbach mit Einsiedel ... Der Herzog kam, die Gesellschaft auch. Wirtschaft bei Glasern.« Und dort, in Stützerbach, ging's lustig genug her, — vielleicht, daß Goethe in der »Studentenfidelität«, die sich, nach Aufzeichnungen des Ober-Berghauptmanns v. Trebra aus jenen Tagen, dort mittags und abends nach Jagd und Stollenbesichtigungen an des jungen, lebensfrohen Herzogs Tisch entwickelte, für seine Liebesschmerzen flüchtiges Vergessen fand ... das Gundelachsche Haus in Stützerbach, wo Goethe und Carl August immer gewohnt haben, erzählt noch jetzt davon; der »tollen Späße mit dem Glasmann Glaser« entsinnt sich noch, behaglich lächelnd, der alte Goethe in Unterhaltungen mit dem Kanzler v. Müller. »Glaser und leichtfertige Mädels«, »Glasern sündlich geschunden, mit den Bauernmädels getanzt«, »Tagsüber Thorheiten« und so ähnlich heißt es damals immer wieder im Tagebuch. Und im September 1776 schreibt er, nach einem dritten Aufenthalt in Ilmenau, aus Eisenach mit naiver Offenheit an Frau v. Stein: »In Stützerbach tanz ich mit allen Bauernmädels im Nebel und trieb eine liederliche Wirtschaft bis Nacht eins ...«

Und langsam steigt der Weg. Goethe-Stimmung webt zwischen den Felsen, den uralten Baumriesen ... der »immergrüne Hain«, der leise Regen, der Dampf, der aus den Klüften quillt — alles wie damals im Juli 1776. Nur den Schnee, der zuerst noch leicht wie Watte im Dunkel des Waldes liegt, dann an den Hängen sich wie lange weiße Laken dehnt, gibt der rauhe Apriltag dazu. Faust-Verse klingen auf, der Osterspaziergang:

> Der alte Winter, in seiner Schwäche,
> Zog sich in rauhe Berge zurück.
> Von dorther sendet er, fliehend, nur
> Ohnmächtige Schauer körnigen Eises
> In Streifen über die grünende Flur ...

Die grünende Flur? Ja, Knospendrang auch hier. In den Bäumen, den Büschen, der dunklen Erde gärt geheimnisvoll der Frühling, schon springt trotz Schnee und Eis allenthalben aus schwankem Ast das erste Grün, die schwarzen Tannen tragen festlich helle Spitzen. Und durch das Brausen des Windes klingt unablässig das süße, das unbeholfene, das inbrünstige Gestammel der Vögel.

Gabelbach. An den grauen Schindeln des Jagdhauses zerrt der Sturm. Ein Schuß klatscht hart in die gespenstische Einsamkeit. Nebel erstickt ihn. Man denkt der toten Zeit, da hier Carl August nach der Jagd in froher Tafelrunde gezecht, später der Hof aus Weimar bescheidene Sommerfreuden gesucht. Jetzt liegt das kleine Haus verlassen da, hinter den geschlossenen Fensterläden wohnt im Dunkel bei alten Bildern und Jagdtrophäen alleine die Erinnerung.

Und immer wilder, immer unwirklicher wird die Szenerie. Die Erde schwankt, wandelt sich in Dunst und fliehende Wolke. Irgendwo in nahen Wipfeln wühlt der Sturm, tobt wie stürzender Gewitterregen, abgerissene Äste, ganze Baumkronen sausen hart an dem Wanderer vorbei, der Boden ist mit Tannenzapfen übersät. Aber man sieht sie nicht, diese Wipfel. Man sieht überhaupt nichts. Alles überbrandet ein milchiges Meer. Und atemheiß kämpft man sich vorwärts »im Dampf der Klüfte, durch Nebeldüfte, immer zu, immer zu!«

Aber dann ist man auf einmal da. In jäher Biegung krümmt sich der Weg, an Abgrund und starrendem Fels vorbei, zur letzten Höhe. Tannen steigen steil und finster aus dem geisterhaften Zwielicht, Gebüsch umkraust verwitterte Stufen ... der Gickelhahn! Um das Goethehäuschen braust der Wind.

———————————

Das erste Zettelchen, das von hier nach Weimar geflattert, erzählt: »Hoch auf einem weit rings sehenden Berge. Im Regen sizz ich hinter einem Schirm von Tannenreisern. Warte auf den Herzog, der auch für mich eine Büchse mit bringen wird.« Eine um so größere Rolle spielt in diesen frühen Aufzeichnungen dafür die »Höhle unter dem Hermannstein«. Zu ihm springt der Weg über Wurzelwerk und sturmverwehte Zweige, Felstrümmer und gestürzte Bäume, im halbvertauten Schnee kaum kenntlich. Es ist ein beschwerliches Wandern. Nebelschwaden werden vorbeigerissen, der Wind wirft Wolkenfetzen in das

Tannendunkel ... ein wirrer Schattenreigen, der in nichts zerstäubt. Wie Klagerufe ächzt und stöhnt es durch den Wald. Dann aber steht man plötzlich vor einem mächtigen Fels ... ein Ungetüm, das Urgewalten aus der Erde drängten. Das Auge, das staunend an den zerrissenen Wänden in die Höhle klettert, schwindelt. Die letzten Zacken findet es nicht mehr. Sie schwimmen im Nebel.

»Hier im Stillen gedachte der Liebende seiner Geliebten ...« Zwei kleine grüne Eisentafeln, neben der dunklen Höhle in die Felswand eingelassen, von Flechten überwuchert, vom Rost schon halb zerfressen, erzählen davon.

>»Was ich leugnend gestehe und offenbarend
>   verberge,
>Ist mir das einzige Wohl, bleibt mir ein
>   reichlicher Schatz.
>Ich vertrau es dem Felsen, damit der Einsame
>   rathe,
>Was in der Einsamkeit mich, was in der Welt
>   mich beglückt —«

lautet die eine. Und die andere:

>»Felsen sollten nicht Felsen und Wüsten
>   Wüsten nicht bleiben,
>Drum stieg Amor herab, sieh, und es lebte die
>   Welt.
>Auch belegte er mir die Höhle mit himmlischem
>   Lichte,
>Zwar der Hoffnung nur, doch ward die
>   Hoffnung erfüllt!«

Sie ward ihm erfüllt, die Hoffnung. Der Sehnsuchtsruf, in banger Herzensnot hier in der Höhle, seinem »geliebten Aufenthalt«, aufs Papier gestammelt, fand bereites Echo. »Wenn Du nur einmal hier seyn könntest, es ist über alle

Beschreibung und Zeichnung,« schreibt er an Charlotte, die damals, nicht allzu fern, in Meiningen weilte. Und sie kam. In einem Brief vom 2. August Goethes Jubelschrei: »Liebe, Du gibst mir ein neues Leben, daß Du wieder kommst. Ich kann Dir nichts sagen. Den Herzog freuts. Addio.« Die alten Fichten rauschten verschwiegenen Liebesstunden. Keiner von beiden hat je darüber gesprochen, der stumme Fels das Geheimnis gewahrt. Nur ein Brief an Herder vom 9. August enthält die Andeutung: »Einen ganzen Tag ist mein Aug nicht aus dem ihrigen kommen, und mein gnomisch verschlossen Herz ist aufgetaut.« Und der Geliebten gesteht er: »Deine Gegenwart hat auf mein Herz eine wunderbaare Würckung gehabt, ich kann nicht sagen wie mir ist! mir ist so wohl und doch so träumig.« Mit Meißel und Hammer steigt er wieder zum Hermannstein hinauf, und an der Stelle, wo Charlotte »sich bückte und ein Zeichen in den Staub schrieb«, schlägt er ein großes S in das harte Gestein der Höhlenwand ...

Vier Jahre später, als Goethe wieder in den geliebten Bergen herumstreifte, ist er auch wieder in der Höhle gewesen. »Ich bin in die Hermannsteiner Höhle gestiegen,« schreibt er an Charlotte, »an den Plaz, wo Sie mit mir waren und habe das S, das so frisch noch wie von gestern ausgezeichnet steht, geküßt und wieder geküßt, daß der Porphyr seinen ganzen Erdgeruch ausathmete, um mir auf seine Art wenigstens zu antworten. Ich bat den hundertköpfigen Gott, der mich so viel vorgerückt und verändert und mir doch Ihre Liebe, und diese Felsen erhalten hat; noch weiter fortzufahren und mich werther zu machen seiner Liebe und der Ihrigen.«

Die Liebe Charlottens zerbrach. Das S, das sie, getreu dem Tagebuch, als »Sonne« pries, hat die Zeit getilgt. Nun tropft das Wasser rings gleich Tränen von den Wänden, und um die Höhle, wo einst der Juliwind die Liebenden in süßen Traum gewiegt, heult der Sturm. Faust-Stimmung.

»Erhabner Geist, du gabst mir, gabst mir alles, worum ich bat ...« Die Worte, hier einst gefunden und geformt, werden zu Gebet, der »Vorwelt silberne Gestalten« bevölkern Wald und Höhle.

Die Jagd, die Bergwerksgeschichten, das mißliche Geschäft der Rekrutenaushebung führten Goethe nun oft nach Ilmenau. Der Schwalbenstein, ein steiler Fels am Südabhang der »Sturmheide«, schenkt ihm den 4. Akt der »Iphigenie«, die Stadt die Szenerie für vieles im »Wilhelm Meister«, an dem er in diesen Jahren arbeitet. Und immer begleitet ihn das Bild der Geliebten: Iphigenie trägt ihre Seelenzüge.

Im Frühherbst 1780 ist er wieder einmal auf dem Gickelhahn. Ganz allein. In Weimar feiern sie den Geburtstag des Herzogs mit Ball und Illumination. Vor dem »Geschwirre der Menschen« ist er geflohen. Unterkunft gewährt die unscheinbare Jagdhütte, die verloren auf dem letzten Gipfel des Berges steht.

»Auf dem Gickelhahn,« schreibt er an Frau von Stein, »dem höchsten Berg des Reviers, den man in einer klingendern Sprache Alecktrüogallonax nennen könnte, hab ich mich gebettet, um dem Wust des Städgens, den Klagen, dem Verlangen der Unverbesserlichen, Verworrenheit der Menschen auszuweichen ... Es ist ein ganz reiner Himmel und ich gehe, des Sonnen Untergangs mich zu freuen. Die Aussicht ist groß, aber einfach.« Und viele Tage später, am 16. Oktober, längst wieder in Weimar, an die Marchesa Branconi, die »schöne Frau«: »Ihr Brief hätte nicht schöner und feierlicher bei mir eintreffen können. Er suchte mich auf dem höchsten Berg im ganzen Lande, wo ich in einem Jagdhäuschen, einsam über alle Wälder erhaben und von ihnen umgeben, eine Nacht zubringen wollte.«

An diesem Abend ist »Wandrers Nachtlied« entstanden. Auf die Berge in der Runde legte die Sonne letzten Glanz, aus den Tälern stiegen hie und da »einige Vapeurs von den Meulern«. Die Welt ging schlafen. Eine ferne Erinnerung sprach von Ettersburg. »Süßer Friede, komm, ach komm in meine Brust!« hatte er da einst, über Weimar brannten blaß die Sterne, den Himmel angefleht. Nun ward ihm hier Erfüllung seiner Sehnsucht. Mit Bleistift hat er die Verse auf die Bretterwand geschrieben. Ergriffen steht man vor der verwitterten Inschrift. Auch sie atmet Ruhe und Vergessen, bringt den Frieden.

> »Über allen Gipfeln
> Ist Ruh,
> In allen Wipfeln
> Spürest du
> Kaum einen Hauch;
> Die Vögelein schweigen im Walde.

Warte nur, balde
Ruhest du auch.

D. 7. September 1780. Nachtlied.«

Das Häuschen ist nicht das alte, die Inschrift ist Kopie. In den siebziger Jahren ist es abgebrannt. Das Stückchen Holz, auf dem die Verse standen, haben die Flammen verschont, das Frankfurter Goethe-Museum birgt den Schatz. Aber man hat alles genau so wieder aufgebaut wie es war. Und wer da reines Herzens ist, der spürt hier bis in die tiefste Seele hinein den Geist Goethes, der einst die arme Hütte, die Stätte, wo sie steht, für immer geweiht hat.

Über allen Gipfeln

Ist Ruh

Nur noch ein einzigesmal ist Goethe hier oben gewesen. Das war im August 1831, volle fünfzig Jahre später, und der Dreißigjährige, der dort einst, in schwermütiger Abendstimmung, »Wanderers Nachtlied« gedichtet, war ein Greis geworden. »Freundlich veranstalteten Festlichkeiten ausweichend,« wie er an Amalie von Levetzow, die Mutter Ulrikens, schreibt, war er nach Ilmenau gefahren, um in Stille seinen 82. Geburtstag zu verleben. Längst war es um ihn öde und leer geworden. Von allen, mit denen er einst hier frohe Stunden verbracht hatte, lebte nur noch Knebel, der jetzt, seit langem schon, in Jena wohnte. All die anderen waren gestorben. So schreckten die Erinnerungen, und »um die Vergangenheit,« wie es in einem Briefe an den Grafen Reinhard heißt, »durch die Gegenwart des Herankommenden auf eine gesetzte und gefaßte Weise zu begrüßen«, hatte er die beiden Enkel, »die jungen Wesen«, mitgenommen.

Mit dem Ilmenauer Bergrat Mahr fuhr er zusammen nach dem Gickelhahn hinauf. Es war ein heiterer Sommertag, und um die Berge blaute still und klar der Himmel ... die ganze Landschaft ein Abglanz der abgeklärten Seele, die hier nach Menschenaltern vergessenes Glück, vergessenes Leid beschwören, Abschied nehmen wollte von ihrer Jugend. »Über allen Gipfeln ist Ruh« — erinnerungsversunken stand der Achtzigjährige vor den verblaßten Bleistiftzeilen, die das morsche graue Holz kaum noch erkennen ließ, und während Tränen ihm das große, das zeitlose Auge verdunkelten, sprach er leise vor sich hin: »Ja, warte nur, balde ruhest du auch!«

Er hat dann, wie er acht Tage später Zelter in einem Briefe erzählt, die Inschrift »rekognosziert«: die Greisenhand hat die fast unleserlich gewordenen Buchstaben nachgezogen und darunter gesetzt: »Renov. den 28. August 1831.«

So liest man es jetzt mit verhaltener Rührung.

Über Kammerberg und Manebach zurück nach Ilmenau. Aus Sturm und Regen ist ein sanfter, silberner Frühlingsnachmittag geworden. Die feuchte Erde duftet, es rauscht die Ilm.

»Anmutig Tal! du immergrüner Hain!« ... wieder nahen sich die Verse, nun, wo man vom Walde kommt, ergreifend wahr. Sie bringen neue Schattenbilder. »Wenn es möglich ist,« schreibt Goethe am 30. August 1783, auf dem Sprung nach Ilmenau, an Charlotte, »schreibe ich dem Herzog ein Gedicht auf seinen Geburtstag.« Als er am 4. September nach Weimar zurückkehrt, bringt er es fertig mit. Aus Traum und Wirklichkeit hat sich ihm Ilmenau »zum 3. September 1783« zu neuem Erlebnis, zu farbenfrohem Bild gestaltet.

Verklungene Tage stehen auf. In wilder Jagd durchstürmt der Herzog wieder das Gebirge, am Fuße einer Felswand wird abends Rast gemacht — es ist, vielleicht, der Hermannstein:

»Bei kleinen Hütten, dicht mit Reis bedecket,
Seh ich sie froh ans Feuer hingestrecket.
Es dringt der Glanz hoch durch den Fichten-
        Saal,
Am niedern Herde kocht ein rohes Mahl;
Sie scherzen laut, indessen, bald geleeret,
Die Flasche frisch im Kreise wiederkehret ...«

Und alle die treten auf, die damals mit in Stützerbach getanzt, getollt, der behäbige Knebel, der Tollkopf Seckendorf, der blutjunge Herzog, Goethe selbst — treten auf und treten wieder ab auf dieser Bühne der Erinnerung, Magie belebt die schwankenden Gestalten. »Ich selbst saß davor,« erzählt der alte Goethe in den Annalen, »bei glimmenden Kohlen, in allerlei schweren Gedanken, auch in

Anwandlung von Bedauern über mancherlei Unheil, das meine Schrift ›Werther‹ angerichtet.« Aber das ängstliche Gesicht zerrinnt, der schwere Traum verschwindet. Die bange Sorge um den Herzog verscheucht die Hoffnung auf »Gedeihn und festes irdsches Glück«, und der erhabene Berg läßt ihn an »seinen sachten Höhn ein jugendlich, ein neues Eden sehn«.

Und zweiundvierzig Jahre später. Wieder ein »Tag der Lieb und Lust«. Carl August feiert sein Regierungsjubiläum. Die Vision Goethes ist Wirklichkeit geworden ... »die Ernte wird erscheinen und dich beglücken und die Deinen.« Im Römischen Haus begrüßt Goethe den fürstlichen Freund, in aller Frühe, der erste Gratulant. Wortlos stehen die beiden Greise, Hand in Hand. »Bis zum letzten Hauch zusammen!« stammelt endlich tief bewegt Goethe. Der Großherzog nickt. Traumhaft durchzuckt Erinnerung sein altes Herz. »O achtzehn Jahre und Ilmenau!« ruft er und deckt die Augen mit der Hand ...

Noch oft ist Goethe in Ilmenau gewesen, mit Knebel und bei Knebel, mit Fritz von Stein, dem Liebling, der, wie er einmal an Charlotte schreibt, ihr Bildnis sein soll, und manchmal auch ganz allein. Immer wandern Briefe und Zettelchen nach Weimar und schwärmen und erzählen; beteuern seine Liebe in leidenschaftlichen Worten und sind voll Sehnsucht und Glück. »Mergeln« und Schwämme begleiten sie.

1784 werden endlich die neuen Bergwerke eröffnet. Am 24. Februar. Ein Schicksalstag. Goethe bleibt in der feierlichen Eröffnungsrede stecken, die er im Posthause hält. Aber niemand wagt zu lächeln. Seine dunklen Augen halten alle im Bann. Nur daß es als üble Vorbedeutung genommen wird, kann er nicht hindern.

Im Oktober 1785 schreibt er an Charlotte: »Es steht alles recht gut und das ganze Werck nimmt einen rechten Weg.« Auch in den Folgejahren geht alles gut. Noch 1816 gedenkt der alte Goethe freudig in einem Gedicht an seinen alten Bergrat Voigt dieser Zeit:

»Von Bergesluft, dem Äther gleich zu achten,
Umweht, auf Gipfelfels hochwald'ger Schlünde,
Im engsten Stollen wie in tiefsten Schachten
Ein Licht zu suchen, das den Geist entzünde,
War ein gemeinsam köstliches Betrachten,
Ob nicht Natur zuletzt sich das ergründe?
Und manches Jahr des stillen Erdenlebens
Ward so zum Zeugen edelsten Bestrebens.«

Aber 1796 bricht der Martinroder Stollen. Die Aufschlagewasser stauen sich, der Schacht wird auflässig, die Werke ersaufen. Und wieder zieht die Armut ein in Ilmenau.

Immer aber hat die Einsamkeit Ilmenaus Goethe dichterisch angeregt. Hier ist »Wilhelm Meister« zu einem großen Teil entstanden. Auch Mignons schmerzbewegtes Lied: »Nur wer die Sehnsucht kennt, weiß, was ich leide!« hat Goethe hier zu dunkler Stunde gefunden. Am 20. Juni 1785 schickt er es Charlotte und fügt, ergreifend, hinzu: »Ein Lied, das nun auch mein ist.«

Und noch ein anderes Lied hat ihm Ilmenau geschenkt, viele Jahre später. Längst war die Liebe zu Frau von Stein erloschen, verbittert hatte sich die Enttäuschte von ihm zurückgezogen. An ihre Stelle ist Christiane getreten. Ihr gelten nun seine Gedanken: nicht wirre Sehnsucht mehr, nicht Stammellaut und Schrei. Ein glücklicher Vater schreibt der Mutter seines Gustel, der ihn, ein »Bübechen«, begleitet und weiße Pfefferkuchen nach Weimar schickt, die er sich vom Munde abspart. So feiert Goethe hier seinen 64.

Geburtstag. Und die Erinnerung lässt ihn, ein Nachklang seiner silbernen Hochzeit, erzählen:

»Ich ging im Walde
So vor mich hin,
Und nichts zu suchen
Das war mein Sinn.
Im Schatten sah ich
Ein Blümchen stehn,
Wie Sterne blinkend,
Wie Äuglein schön ...«

Christianes Lied! Er schickt's nach Weimar ... wie oft, wie stolz mag es die heitere Frau, vielleicht im Korbstuhl neben dem Küchenherde sitzend, an ihr warmes Herz gedrückt haben!

Nachmittag. In der Lindenstraße promeniert das junge Ilmenau. Der Mühle gegenüber, die Goethe in jungen Jahren oft beherbergt hat, Knebels Haus. Die Fenster schauen nachdenklich in das bunte Treiben. Es ist, als ob noch immer hinter den dunklen Scheiben der »alte Timon« an seinem Lucrez arbeitete. Aber das frohe Lachen, das »die Rudel«, Knebels blutjunge Frau, die Weimarer Sängerin Luise von Rudorf, mit in die Kleinstadtstille brachte, ist längst verhallt. An den »élégant savant«, der hier einmal sein wunderlich Wesen getrieben, erinnert nur die weiße Tafel über der Tür. Und auch die beachtet keiner.

Und weiter. Hinter der Kirche der Marktplatz. Die Häuser schlafen. Nur der alte Brunnen schwatzt in die Stille. Eine tote Welt, — Rokoko aus Chodowiecki-Kupfern, unberührt, ganz noch das »heitere Landstädtchen«, das Goethe fand, als er zum erstenmal hierher kam, um Ilmenau vor neuer

Einäscherung zu bewahren. Noch stehen Schloß und Rathaus, noch die »Sonne« und der »Adler«, aus deren Fenstern Philine und Wilhelm Meister einander den Morgengruß zunickten. Aber es liegt alles stumm und verlassen, nichts spricht dafür, daß etwa Seiltänzer und Gaukler hier ihr leicht Gerüst aufschlagen werden, kein Mädchen bietet dem fremden Herrn Rosen an, wie's Wilhelm Meister geschah, und die beiden Gasthöfe schauen so verdrossen drein, als ob sie überhaupt nicht mehr auf Gäste rechneten ...

Die Vergangenheit geht hier spazieren.

Sie begleitet auch auf den Friedhof, zu Corona Schröters Grab. Einsam und verlassen liegt die einst Gefeierte. Arme »Crone«! Wie oft hat Goethe dich, du blühtest noch in all dem betörenden Glanz der Jugend und ganz Weimar lag dir zu Füßen, bei diesem Schmeichelnamen genannt! Daß du ein »Engel« wärest, schrieb er an Frau von Stein und an den Herzog schon aus Leipzig, von wo er dich nach Weimar holte. Er hat dich wirklich sehr geliebt. Sein Tagebuch erzählt's, und auch die Bank in Tiefurt mit dem Amor und der Nachtigall. Und in dem großen Gedicht »Auf Miedings Tod« gelten dir die wundervollen Verse:

»Es gönnten ihr die Musen jede Gunst,
Und die Natur erschuf in ihr die Kunst.
So häuft sie willig jeden Reiz auf sich,
Und selbst dein Name ziert, *Corona*, dich.«

Und dann?

Nach flüchtigem Glanz der lange, der bittere Lebensabend in Ilmenau. Niemand kümmerte sich um die Verbannte. Auch Goethe nicht. Und so einsam, wie sie zuletzt in

Ilmenau gelebt, stirbt sie 1802. Der Tod erlöst eine Tote.

Bekümmert steht man an dem kahlen Grab. Von der »Sturmheide« her fährt der Wind über die Hügel, der Efeu raschelt, die kahlen Weiden schwanken traurig hin und her. Die Stille weint. »Es ist sündlich, wie man in Weimar mit den Toten umgeht,« schrieb Knebel damals. Ihm und der Prinzessin Caroline verdankt die Vergessene den schlichten Grabstein. Eine schwarze Eisenplatte ist's, in Sandstein eingelassen. Eine Harfe und eine Fackel, ein Lorbeerkranz und ein Schmetterling schmücken sie. Und leise wellt der Frühlingswind das Wasser, das Regen und Sturm darauf geworfen.

Abschied von Ilmenau. In der Abenddämmerung steht man vor'm »Goldenen Löwen«. Langsam erstirbt das Leben. Ein Lachen treibt vorbei, ein fader Scherz, ein letztes Plaudern. Dann wird es still. Ganz still. In der Ferne plätschert die Ilm.

Noch einmal wandert man durch die alten Gassen. Nun, wo der Tag zur Ruh gegangen, regen sich die Schatten. Sie geben gespenstisches Geleit, bedrängen die Seele, die sie aus ihren Grüften hervorgelockt. ... Knebel und seine junge, viel zu junge Frau, Einsiedel, den Reue an die Stätte bannt, wo Corona Schröter gewohnt, der junge Goethe, der der dunklen Ilm verworrene Liebesgrüße nach Weimar anvertraut. Und scheu und heimlich auch, in grauen Mantel gehüllt, den Dreispitz tief in die Stirne gedrückt, der unselige Krafft, Goethes geheimnisvoller Schützling. Denn hierher hatte Goethe, ein »dienstfertiger Samariter«, den in die Irr Gegangenen geschickt, der sich in letzter Not an ihn gewandt ... ohne Dank zu finden: der Verlorene ward auch in Ilmenau nicht des Lebens froh, ward in Verkennung der Dienste, die Goethe forderte, zum Spion. Noch immer wandert er durch die Straßen, er lauscht an jeder Schenke, er horcht an jeder Tür. Und verflucht, das unstete Auge bergend, das Schicksal, das ihn hierher verschlagen hat ...

das heute wird zum Gestern, ein Jahrhundert flüchtiger Traum.

Abschied von Ilmenau — — —

Über den Marktplatz klingt leise ein Lied. Philine singt. Ihr Fenster im »Adler« wirft hellen Schein über den winkligen Platz. In das Dunkel des Torwegs gedrückt stehen drüben, in der »Sonne«, Wilhelm Meister und Mignon und lauschen. Laërtes schaut ihnen über die Schulter ... Da bricht das Liedchen ab, das Licht geht aus, und auch das Tor des alten Gasthofs fällt zu. Schatten begraben ein Goethe-Märchen. Am Himmel, der in dunkler Bläue schwankt, flimmern kalt die Sterne.

Das »Mährchen« von Pyrmont

»Goethe ist zu Pyrmont und nur mit
Wiedererlangung seiner Gesundheit
beschäftigt ...«

Schiller

Der Reisewagen, der am 5. Juni 1801 in aller Herrgottsfrühe
vor dem Haus am Frauenplan Posto faßt, wartet auf einen
Kranken. Denn noch immer fühlt Goethe, der an diesem
Morgen mit dem elfjährigen August zusammen nach
Pyrmont reist, sich von der schweren Krankheit nicht
genesen, die den schon lange Leidenden zu Beginn des
Jahres 1801 fast dahingerafft. Wohl war es der Pflege
Christianens, seiner »lieben Kleinen«, wie er am 1. Februar
der Mutter rühmte, gelungen, ihn am Leben zu erhalten;
wohl befand er sich nach dieser »schrecklichen Krise der
Natur«, wie es in einem Briefe an die Weimarer Freundin
Elisa Gore heißt, wieder ganz leidlich; aber den Vollbesitz
seiner geistigen und körperlichen Kräfte hatte er trotz aller
Ruhe, trotz eines sechswöchigen Landaufenthalts auf Ober-
Roßla nicht wiedererlangt, und erst Pyrmont soll ihm nun
gründliche Erholung bringen.

Pyrmont erfreute sich schon damals alten Rufes, vielleicht
größeren als jetzt, wo so viel andere Bäder mit dem stillen,
ganz in Lindengrün gebetteten Idyll an der Emmer
wetteifern. Goethe selbst kannte es auch nur vom
Hörensagen. Charlotte von Stein, allein und auch mit Mann
und Kindern dort oft zur Kur, mag ihm viel von diesem
ihren Zufluchtsort erzählt, mag ihm die Heilkraft des
»Hylligen Borns« gerühmt haben ... die Briefe, die sie von
Pyrmont aus an Goethe geschrieben, Antworten auf das
sehnsuchtsbange Liebesstammeln, das ihr aus Weimar und

Ilmenau nachtönte, sind ja leider verloren, vernichtet wie alle ihre anderen an Goethe; aber Spiegelung der Tage, die Charlotte in Pyrmont verlebt, findet, wer zwischen Zeilen zu lesen versteht, in den von Liebe, Sehnsucht und wirrer Klage erfüllten Ergüssen des Dichters, die dieser der Fernen, Kuß und Schmeichelwort so weit Entrückten nachgesandt. Und an den langen Herbst- und Winterabenden in Weimar mag im Beieinandersein bei stiller Kerze Erzählung manches nachgeholt und wieder heraufbeschworen haben, was dem Briefe anzuvertrauen Tinte und Papier erschwert hatten.

So hat Goethe das Bad am Teutoburger Wald, als Liebender für die Worte der Geliebten doppelt empfänglich, vielleicht besser gekannt als viele, die dort stumpfer Sinne, nur ihrem leiblichen Wohl und Wehe hingegeben, wochenlang die Kur gebraucht haben; was die Augen nicht in Wirklichkeit gesehen, erlebte die beschwingte Seele des Dichters doppelt intensiv, gewann holde Verklärung, weil die, die es ihm schilderte, seinem Herzen nahestand.

So ist wohl auch zu erklären, daß der Genuß des Pyrmonter Wassers — neben dem »Selzer« wie Christiane das Selterser nennt — in Goethes Hause gang und gäbe, lange bevor der Dichter es am Ursprungsorte selbst getrunken: die wohltätige Wirkung, die es auf Frau von Stein und ihren Mann ausübte, gewann dem Pyrmonter auch die Neigung Goethes, führte es in Weimar überhaupt ein. Trank doch die ganze Hofgesellschaft, der früh schon von Gicht und Rheumatismus geplagte Herzog an der Spitze, Pyrmonter! Und bei Goethes am Frauenplan durfte es gar nie ausgehen. Immer wieder stößt man in den Briefen Goethes, die er, weilte er in Jena, an Christiane schrieb, auf die Bitte, ihm ein paar Flaschen Pyrmonter mit der

Botenfrau zu schicken; und Christiane beeilte sich dann stets sehr, diesen Wunsch zu erfüllen, weil sie wußte, wie gut dem Gatten — denn Gatten waren sie, auch wenn die Trauung, die sie vor der Welt dazu machte, erst 1806 erfolgte, schon von dem Tage an, wo Goethe mit ihr das große Haus am Frauenplan bezog — das Wasser tat, das »bernoder« wie sie es in dem oft kaum zu entziffernden Kauderwelsch ihrer einfältig-innigen Briefe genannt hat.

Nun aber fügte es das Schicksal, daß Goethe, mit seinen Ärzten der Wunderkraft der Pyrmonter Quellen vertrauend, die aus »Bouteillen« ihm nicht frisch und stark genug entgegensprudelte, sich auf die Reise machte, um diese Wunderkraft an Ort und Stelle zu erproben.

Es ist ein frischer Morgen, da er diese Reise antritt, munter und lebenskräftig, wie er sich lange nicht gefühlt. Vergessen der bange Winter, da schon der Tod zu Häupten seines Bettes gestanden, vergessen auch der Ärger in Ober-Roßla, wo er »mit der rohen Natur und über das ekelhafte Mein und Dein« mit dem Pachter im Streite gelegen: wieder einmal sieht er, reisefertig, unbekannte Welt vor sich liegen, von neuem regt Phantasie die Schwingen, die in Alltagssorgen und Alltagsgezänk fast zu erlahmen gedroht hatten. Abenteuer lockt. August, den jungen Reisekameraden, an der einen Hand, den andern Arm Christiane, dem getreuen Hausgeist, um den Hals gelegt, tritt er aus der Tür, — ungebeugt die massige Gestalt, doch im Gesicht um Mund und Augen den Zug des Leidens, den zehn schwere Januartage da eingegraben.

Noch schläft Weimar. Nur der Brunnen rauscht, First und Fenster der Kleinbürgerhäuser gegenüber glühen in erster Sonne. Irgendwoher kommt Lindenduft. So kann Goethe sich ungestört durch neugierige Blicke von seiner Frau verabschieden, die ihm und dem Kinde, ein wenig traurig, Geleit gibt: bleibt sie nun doch wieder auf Wochen allein in dem weitläufigen Hause zurück, dessen erlauchte Welt nicht die ihre, fremd am eigenen Herd; verläßt sie doch diesmal nicht nur der Mann, der ihr Leben und Dasein bedeutet, sondern auch, zum erstenmal auf längere Zeit, das Kind, das sie ihm geboren!

Jedoch die Pferde scharren ungeduldig, der Kutscher knallt mit der Peitsche. Ein letztes Wort, ein letztes Streicheln, halb väterlich, wie jede Liebkosung, die Goethe Christianen schenkte, ein letztes Winken — und dann holpert die zweispännige Chaise, hochbepackt, die Frauentorstraße hinauf und verschwindet.

Abfahrt nach Pyrmont am 5. Juni 1801
Der Reisewagen Goethe's vor dem Hause am Frauenplan

Da schließt die einsame Frau die Haustür. Drinnen im kühlen, dämmerigen Flur lehnt sie ein Weilchen, die Hand vor den Augen, an dem Geländer der feierlichen Treppe, die noch den Klang von Goethes schweren Schritten zu halten scheint ... ein Weilchen nur. Dann rafft sie sich auf und geht. Aber nicht die Treppe hinauf. Die führt in jene Welt, die nicht ihr gehört. Sie geht durch ein Seitentürchen zur Küche: da lag ihr Reich.

Drei sind's, die in Goethes Wagen sitzen, Vater, Sohn und Geist — denn Goethes Schreiber, den er mitgenommen, hieß ulkigerweise Geist und vervollständigte so auch dem Namen nach die äußere Dreieinigkeit der Reise aufs beste. Geist berichtet denn auch der »werthesten Demoiselle« Vulpius von Göttingen aus, wo Station gemacht wurde, über den bisherigen Verlauf der Fahrt; der »Herr Geheimde Rat« fügt diesem Bericht nur ein paar Worte an, in denen allerdings trotz der Kürze die ganze Zärtlichkeit des Abschieds von »Mütterchen« zittert, — wie Goethe überhaupt auf Reisen in ein paar kurze Worte mehr Zärtlichkeit hineinzulegen weiß, als andere durch einen überschwenglichen Brief auszudrücken vermögen.

Weitere Nachrichten aus Göttingen, wahrscheinlich auch die ersten aus Pyrmont, wo die Reisenden am Nachmittag des 13. Juni eintrafen, sind nicht erhalten. Christiane hat sich in Weimar sehr gegrämt, denn der Geistsche Brief aus Göttingen erreichte sie erst am 25. Juni: drei volle Wochen war sie also ohne jede Nachricht, und wenn sie am 23. Juni nach Pyrmont schreibt: »Ich hoffe recht sehnlich auf einen Brief von Dir, um zu hören, daß Du Dich mit dem guten Kinde wohlbefindest. Ich bin ganz wohl, aber so ganz ohne das zu sein, was man herzlich liebt, will mir gar nicht behagen, und bei aller Zerstreuung, die ich mir mache, ist doch immer, als wenn mir das Beste fehlte,« so hört man deutlich aus den kargen Worten die bange Sorge heraus, die ihr Frauen- und Mutterherz erfüllte.

Goethe mag gerade auf dieser Reise mancherlei durch den Kopf gegangen sein. Reisen regt immer zum Nachdenken an; dann aber ist der Mensch, der harte Krankheit überstanden und mit knapper Mühe dem Tode entgangen ist, doppelt leicht geneigt, empfindsame Rückschau zu halten. Und daß es gerade nach Pyrmont ging, muß dem Fünfzigjährigen Erinnerung an abgelebte Zeit ergreifend haben wiederkehren lassen. Während Berge und Täler, Dörfer und Städte an den Reisenden vorüberglitten, von August, dem »Bübchen«, mit dem hellen Jauchzen des Kindes, von Geist mit subalternem Gleichmut begrüßt, weilte der Blick der dunklen Dichteraugen bei Vergangenem. Die erste Trennung von Frau von Stein, 1776, im ersten Weimarer Glückssommer. Damals mag zum ersten Male der Name Pyrmont, wohin die Geliebte sich zur Kur begeben, ein Name, der bis dahin für Goethe wahrscheinlich Schall und Rauch gewesen, Bedeutung gewonnen haben ... damals! Wie lange war das her! Verse klangen aus der Vergessenheit herauf, die er in jenen Tagen wirren Liebestaumels einmal mit einem Brunnenglas an Charlotte nach Pyrmont geschickt:

> »Laß dir gefallen
> Aus diesem Glas zu trincken
> Und mög dir düncken
> Wir säßen neben dir
> Denn obgleich fern sind wir
> Dir doch die nächsten fast von allen.«

Und andere, tiefer empfundene, tönten sanft dazwischen, die sein damaliges Leben im Garten am Stern spiegeln:

> »Und ich geh meinen alten Gang
> Meine liebe Wiese lang.
> Tauche mich in die Sonne früh
> Bad ab im Monde des Tages Müh,

Leb in Liebes Klarheit und Krafft,
Thut mir wohl des Herren Nachbarschafft,
Der in Liebes Dumpfheit und Krafft hin lebt —
Und sich durch seltnes Wesen webt.«

Vorbei! Vorbei wie die Tage von Ilmenau, deren erste Erschütterungen er der fernen Frau in Pyrmont in Briefen gebeichtet, die heiße Glut in alle Ewigkeit atmen; vorbei wie der Sommer 1777, in Sehnsucht fast verzweifelnd, von Weimar nach Kochberg, Charlottens Schloß, flüchtete, um der wieder in Pyrmont Weilenden wenigstens in ihren Zimmern und Möbeln nahe zu sein, sich wenigstens an ihrem Dunstkreis satt zu weiden ... bis er am 29. Juli in das getreue Tagebuch den Erlösungsseufzer eintragen konnte: »Abends die Stein zurück von Pyrmont unerwartet.«

Und so gingen die Jahre. Liebe, so heiß sie auch einst geglüht, erkaltete, Treue, für die Erdenzeit geschworen, starb. Die Flucht nach Italien, das Verhältnis mit Christiane, Frucht der Entfremdung zwischen Charlotte und ihm, brachten den Bruch. Keine Liebesbriefe mehr flatterten nach Pyrmont, wenn Frau von Stein dort zur Kur war; dafür stand, einzige Erinnerung an dies Pyrmont, auf seinem Tisch in Weimar und in Jena Mittag für Mittag die Flasche Pyrmonter, dem überreizten, übersättigten Körper Linderung bringend und allgemach trotz Etikett und Namen doch kaum mehr an verschwundene Zeiten und ihr Glück mahnend; dafür rieten die Ärzten, als die körperlichen Beschwerden sich häuften, diese an der heilkräftigen Quellen Ursprung selbst abzubaden und abzutrinken.

Folgte er dem Rat? Wie hatte er doch erst vor wenigen Wochen an die Mutter in Frankfurt geschrieben? »Hätte ich im vorigen Jahre ein Bad gebraucht, wie ich in früheren Zeiten getan, so wäre ich vielleicht leidlicher davon gekommen; doch da ich nichts eigentliches zu klagen hatte, so wußten auch die geschicktesten Ärzte nicht, was sie mir eigentlich raten sollten, und ich ließ mich von einer Reise nach Pyrmont, zu der man mich bewegen wollte, durch Bequemlichkeit, Geschäfte und Ökonomie abhalten, und so blieb denn die Entscheidung einer Krise dem Zufall überlassen.«

Ja, Bequemlichkeit, Geschäfte und Ökonomie ... diese drei Worte deuten tatsächlich das Leben, das Goethe, der sonst rastlos tätige, seit geraumer Zeit geführt hatte. Die Arbeit an Voltaires »Tancred«, die ihn Weihnachten 1800 zum großen Kummer der Seinen in Jena gehalten, war jäh von der Krankheit abgelöst worden, und als diese überstanden, wagte sich der geschwächte Geist an keine andere: die »Farbenlehre« war das einzige, um das sein müdes Denken kreiste, und alles in allem nahm die Stagnation, an der Goethes dichterische Produktion nun schon seit Jahr und Tag krankte, beängstigende Formen an. Der Aufschwung, die Anregung fehlten! Die Freunde, allen voran Schiller, der gerade in voller dichterischer Ekstase an der »Jungfrau« arbeitete, waren denn auch besorgt genug; schrieb doch dieser in jenen Tagen an Cotta: »Goethe ist zu Pyrmont und nur mit Wiedererlangung seiner Gesundheit beschäftigt ... Er ist seit langem ganz unproduktiv und es ist nur zu wünschen, daß er nicht ganz alle seine poetische Tätigkeit verlieren möge.«

Sorgen, die Goethe selbst während der Reise gequält, seine Seele umschattet haben mögen! Dafür aber winkte in Göttingen der lange entbehrte Verkehr mit den Gelehrten der dortigen Universität, ihm für die Arbeit an der »Farbenlehre« diesmal besonders wichtig; dafür versprach Pyrmont Kräftigung Leibes und Geistes und damit neuen Aufschwung. Zukunft lächelte. Und so mag der ernste Mann wohl, kamen Vergangenheit und Sorge ihm allzu nahe, derweil der Reisewagen schwerfällig durch die sommerliche Landschaft Thüringens und des Eichsfelds rollte, zukunftsfreudig die Schatten mit einer kräftigen Handbewegung verscheucht, mag im kindlichen Lachen und Plaudern des Sohnes Erquickung und Zerstreuung gefunden haben. Die kurze Meldung an Christiane aus Göttingen, daß die Promenade ihnen, Vater und Sohn, viel Vergnügen gemacht, war sicherlich nicht nur pure Wahrheit, sondern läßt auch günstige Rückschlüsse auf die ganze Reise zu.

Am 13. Juni trifft man also endlich in Pyrmont ein. Es ist Nachmittag, und der stille Ort mit seinen Straßen und schönen Alleen liegt anmutig im Widerspiel von Abendsonne und grünem Schatten. Verstaubt und reisemüde klettern »Vater, Sohn und Geist« vor einem alten, schlichten Hause der Bassinstraße aus dem Wagen und atmen mit Behagen die reine, kräftige Luft ein.

Wie Pyrmont damals ausgesehen?

Nun, etwas anders als heute. Ein Jahrhundert ist lange Zeit und bringt der Veränderungen viele, und seit Goethe dort gewesen ist, ist sogar mehr als ein Jahrhundert vergangen. Aber vieles ist auch erhalten geblieben: nicht nur eine Fülle der bescheidenen alten Häuser mit Satteldach und grünen Fensterläden, auch das ganz in Wipfelgrün getauchte Schloß, das Theater, das alte Badehotel, der Tempel in den Anlagen lassen jetzt noch dem, der richtig zu sehen weiß, die Vergangenheit erstehen, sind Kulissen einer Welt, um die der Zauber alles Gewesenen schwebt. Das große Kurhaus und mancherlei anderes, das erst die Kultur unserer Tage geschaffen, muß man sich natürlich fortdenken. Aber kommt, nach heißen Sommertag vielleicht, die Dämmerung mit ihren Schatten und erstirbt das Leben, das tagsüber Straßen und Alleen durchpulst, dann kann man sich wohl in jene Zeit zurückträumen, da hier Karl Philipp Moritz, der Verfasser des »Anton Reiser«, seine seltsame und harte Jugend verlebt, die Frau Oberstallmeister von Stein aus Weimar blaß und lieblich Sommer für Sommer zum Brodelbrunnen schritt, Schopenhauers, die Eltern des damals noch nicht geborenen großen Philosophen, mit Justus Möser und Lessings Berliner Freund Nicolai an der Quelle literarische Dispute führten, Goethe, den kleinen August an der Hand, in dieser oder jener Allee seinen fürstlichen Freund Carl August zum Morgenspaziergang erwartete ...

Es hieße lügen, wollte man behaupten, daß Goethe sich in Pyrmont nun glücklich gefühlt, lügen auch, daß ihm die Kur die erhoffte Erholung gebracht hätte. Nie hat Pyrmont in Goethes Leben die Rolle gespielt wie »das Karlsbad« oder Teplitz ... ist er doch auch nie wieder nach Pyrmont zurückgekehrt, während die böhmischen Bäder in der Folge alljährliches Reiseziel wurden. »Die Cur,« schreibt er am 26. Juni an Christiane, »wird mir hoffentlich gut bekommen; ob sie mir gleich beim Gebrauch unbequem ist, indem sie mir den Kopf einnimmt und mich nicht das Mindeste arbeiten läßt.« In einem anderen Briefe an Christiane heißt es, unbewußt doppelsinnig: »Es geht mir und dem Kinde noch immer recht gut, nur bleibe ich bei der Cur zu aller Art von Arbeit untüchtig, welches mir denn doch ein wenig lästig ist.« Und er klagt, daß der Brunnen ihn »gewaltig angriffe«.

Der letzte Brief aus Pyrmont, rührend vor allem in der Sehnsucht nach Christiane und Weimar, meldet dann, daß er sich leidlich befunden hätte und von der Kur noch gute Folgen erhoffte: »Das Beste dabei war die Bewegung und Zerstreuung.« Das schreibt er am 12. Juli, also volle vier Wochen nachdem er in Pyrmont eingetroffen war. Ähnlich skeptisch lauten Nachrichten an Schiller und den Weimarer Hausgenossen vom Frauenplan, Heinrich Meyer. Schiller schreibt er am 11. Juni noch, also von Göttingen aus, daß er sich lange nicht so wohl und heiter befunden habe wie dort; aber am 12. Juli klagt er aus Pyrmont auch ihm, daß ihn die Kur zu aller Arbeit untüchtig gemacht und er »hier wenig Zufriedenheit genossen« habe; er fügt allerdings hinzu, daß er doch manches guten und interessanten Gesprächs nicht vergessen dürfe, und — dies rätselhaft andeutend — daß er »die Totalität des Pyrmonter Zustandes« so ziemlich vor sich habe.

Das Fazit dieses Pyrmonter Zustandes zieht dann der höchst aufschlußreiche Brief an Meyer vom 31. Juli aus Göttingen, in dem es heißt: »... von mir kann ich wenigstens gegenwärtig sagen, daß es mir recht leidlich geht, es sey nun, daß die Bibliothek und das akademische Wesen, indem sie mich wieder in eine zweckmäßige Tätigkeit nach meiner Art versetzten, mir zur besten Cur gediehen oder daß, wie die Ärzte sagen, die Wirkung des Brunnens erst eine Zeit lang hinterdrein kommt; denn ich kann wohl sagen, daß ich mich in meinem Leben nicht leicht mißmutiger gefühlt habe als die letzte Zeit in Pyrmont.«

Viel hat zu der offenbaren Mißstimmung, unter der Goethe, zumal in der letzten Zeit, in Pyrmont gelitten hat, das schlechte Wetter beigetragen. So klagt er Christiane in einem Briefe vom 12. Juli: »Das Wetter zerstörte alles, Cur und Spazierengehen und Geselligkeit; heute stürmts und regnets. Ich habe einheizen lassen.« Das ist ja auch ärgerlich. Daß der immer noch Kränkliche ferner unter der Kur zunächst gelitten hat, ist nur natürlich: jede Kur strengt an, und vielleicht hat Goethe in dem Bestreben, möglichst rasch Erholung zu finden, des Guten auch etwas zuviel getan. Daß bald Arbeitslust an sich einsetzte, ist doch ein Zeichen der Kräftigung, wenn auch der Körper sich noch nicht so kommandieren ließ, wie der Geist es wollte. Und die Ärzte, die ihm volle Wirkung der Pyrmonter Kur erst für später voraussagten, haben recht behalten: Goethe ist schließlich doch frisch und gekräftigt nach Weimar zurückgekehrt.

Erst später hat er auch erkannt, daß ihm Pyrmont in geistiger Beziehung viel gegeben, nicht allein, wie es in jenem Briefe an Schiller noch zurückhaltend genug heißt, manches gute und interessante Gespräch, nein, Pyrmont mit seinen vielen Erinnerungen an alte und älteste Zeiten hat auch seiner Phantasie neue Nahrung zugeführt, hat ihm zum ersten Male wieder seit langen Jahren den Plan zu einer großen dichterischen Arbeit geschenkt. Das ist jene romanähnliche Erzählung aus der mittelalterlichen Geschichte Pyrmonts, das »Mährchen« einer

Ritterpilgerfahrt zum Hylligen Born aus dem Jahre 1582, dessen endliche Gestaltung einem damals viel gelesenen Buche, den »Amusements des eaux de Spaa« eines Herrn von Pöllnitz, ähnlich werden sollte. Wohlgemerkt: sollte. Denn es ist nie in Angriff, geschweige denn in Arbeit genommen worden, und wenn die unausgeführt gebliebene Dichtung Goethes auch, wie Gräf in seinem Werk »Goethe über seine Dichtungen« richtig dazu bemerkt, in ihrem Entwurf für uns nicht entfernt die Wichtigkeit hat wie des Dichters Berichte über so manchen anderen liegengebliebenen Plan, so verdient sie doch größere Beachtung, als ihr bisher geworden.

—————————————

Neben den Klagen über die Kur und das schlechte Wetter erzählen Goethes Briefe aus Pyrmont aber auch manches Heitere und Lustige. Goethe war Mensch und als solcher Stimmungen unterworfen: der idyllischen Anmut Pyrmonts, dem Zauber seiner Umgebung konnte er sich letzten Endes so wenig entziehen wie jeder andere. Dazu kam, neben anderer, durchaus nicht unangenehmer Gesellschaft, die er dort gefunden hatte, das unausgesetzte Beisammensein mit dem kleinen August, das dem Vater viele frohe Stunden bescherte. »August ist sehr glücklich,« meldet Goethe einmal der Mutter in Weimar, »gestern waren wir auf einem Hügel $^5/_4$ Stunden von hier, wo Versteinerungen und Krystallisationen angetroffen werden, deren Suchen und Auffinden das größte Fest war.« Und im selben Briefe heißt es: »Die Lage um Pyrmont ist sehr angenehm, und in der Nähe gibt es allerlei Merkwürdigkeiten, Mineralien, Ruinen, und was dergleichen sein mag.«

Und was dergleichen sein mag! Hier ist einzuhaken. Denn diese an sich nichtssagenden Worte, niedergeschrieben am

26. Juni, beziehen sich vielleicht auf den größten Fund, den Goethe, dank den mit seinem Söhnchen gemachten Ausflügen entdeckerfreudig gestimmt, in Pyrmont gemacht hat — sei es, daß er durch das Aufstöbern alter Baulichkeiten zu geschichtlichen Lektüre über Pyrmonts Vergangenheit verführt wurde, sei es, daß ihn erst eine solche Lektüre dazu trieb, Gegenständliches in der näheren und weiteren Umgebung zu suchen ... denn fast gleichzeitig meldet sein Tagebuch, auch hier wie überall und immer gewissenhaft geführt, am 30. Juni: »... die Erinnerung an alle merkwürdige Vorfälle, die sich denn doch wohl mögen in der Nachbarschaft ereignet haben, erregt ein ganz eignes Interesse.«

Diese Worte: »ein ganz eignes Interesse« bedeuten bei einem so zurückhaltenden Menschen wie Goethe viel, und nimmt man sich die »Annalen« des alten Goethe vor, so findet man da erstens einmal die ganze Reise nach Pyrmont genau beschrieben, in dieser Beschreibung dann aber auch das, was damals in Pyrmont ein so hohes Interesse bei ihm erregt hat: nämlich jene wundersame und geheimnisvolle Massen-Pilgerfahrt zu den Quellen Pyrmonts aus dem Jahre 1582. Schönste Ergänzung dazu: der Aufsatz »Aufenthalt in Pyrmont. 1801« in den »Biographischen Einzelheiten«, der, wahrscheinlich 1825 niedergeschrieben, erst 1837 aus dem Nachlaß bekannt wurde.

In den »Annalen« heißt es:

»In Pyrmont bezog ich eine schöne, ruhig gegen das Ende des Orts liegende Wohnung bei dem Brunnenkassirer, und es konnte mir nichts glücklicher begegnen, als daß Griesbachs ebendaselbst eingemiethet hatten und bald nach mir ankamen. Stille Nachbarn, geprüfte Freunde, so unterrichtete als wohlwollende Personen trugen zur ergetzlichen Unterhaltung das Vorzüglichste bei. Prediger Schütz aus Bückeburg, Jenen als Bruder und Schwager und mir als Gleichniß seiner längst bekannten Geschwister höchst willkommen, mochte sich gern von Allem, was man werth und würdig halten mag, gleichfalls unterhalten.

Hofrath Richter von Göttingen, in Begleitung des augenkranken Fürsten Sanguszko, zeigte sich immer in den liebenswürdigsten Eigenheiten, heiter auf trockene Weise, neckisch und neckend, bald ironisch und paradox, bald gründlich und offen.

Mit solchen Personen fand ich mich gleich anfangs zusammen; ich wüßte nicht, daß ich eine Badezeit in besserer Gesellschaft gelebt hätte, besonders da eine mehrjährige Bekanntschaft ein wechselseitig duldendes Vertrauen eingeleitet hatte.

Auch lernte ich kennen Frau von Weinheim, ehemalige Generalin von Bauer, Madame Scholin und Raleff, Verwandte von Madame Sander in Berlin. Anmuthige und liebenswürdige Freundinnen machten diesen Zirkel höchst wünschenswerth.

Leider war ein stürmisch-regnerisches Wetter einer öftern Zusammenkunft im Freien hinderlich; ich widmete mich zu Hause der Übersetzung des Theophrast und einer weitern Ausbildung der sich immermehr bereichernden Farbenlehre.

Die merkwürdige Dunsthöhle in der Nähe des Ortes, wo das Stickgas, welches mit Wasser verbunden so kräftig heilsam auf den menschlichen Körper wirkt, für sich unsichtbar eine tödtliche Atmosphäre bildet, veranlaßte manche Versuche, die zur Unterhaltung dienten. Nach ernstlicher Prüfung des Lokals und des Niveaus jener Luftschicht konnte ich die auffallenden und erfreulichen Experimente mit sicherer Kühnheit anstellen. Die auf dem unsichtbaren Elemente lustig tanzenden Seifenblasen, das plötzliche Verlöschen eines flackernden Strohwisches, das augenblickliche Wiederentzünden, und was dergleichen sonst noch war, bereitete staunendes Ergetzen solchen Personen, die das Phänomen noch gar nicht kannten, und Bewunderung, wenn sie es noch nicht im Großen und Freien ausgeführt gesehen hatten. Und als ich nun gar dieses geheimnisvolle Agens in Pyrmonter Flaschen gefüllt mit nach Hause trug und in jedem anscheinend leeren Trinkglas das Wunder des auslöschenden Wachsstocks wiederholte, war die Gesellschaft völlig zufrieden und der unglaubige Brunnenmeister so zur Ueberzeugung gelangt, daß er sich bereit zeigte, mir einige dergleichen wasserleere Flaschen den übrigen gefüllten mit beizupacken, deren Inhalt sich auch in Weimar noch völlig wirksam offenbarte.

Der Fußpfad nach Lügde zwischen abgeschränkten Weideplätzchen her ward öfters zurückgelegt. In dem Oertchen, das einigemal abgebrannt war, erregte eine desperate Hausinschrift unsere Aufmerksamkeit, sie lautet:

Gott segne das Haus!
Zweimal rannt' ich heraus,
Denn zweimal ist's abgebrannt;
Komm' ich zum dritten Mal gerannt,
Da segne Gott meinen Lauf,
Ich bau's wahrlich nicht wieder auf.

Das Franziskaner-Kloster ward besucht und einige dargebotene Milch genossen. Eine uralte Kirche außerhalb des Ortes gab den ersten unschuldigen Begriff eines solchen früheren Gotteshauses mit Schiff und Kreuzgängen unter einem Dach bei völlig glattem unverziertem Vordergiebel. Man schrieb sie den Zeiten Karls des Großen zu; auf alle Fälle ist sie für uralt zu achten, es sei nun der Zeit nach, oder daß sie die uranfänglichen Bedürfnisse jener Gegend ausspricht.

Mich und besonders meinen Sohn überraschte höchst angenehm das Anerbieten des Rektors Werner, uns auf den sogenannten Krystallberg hinter Lügde zu führen, wo man bei hellem Sonnenschein die Aecker von tausend und aber tausend kleinen Bergkrystallen widerschimmern sieht. Sie haben ihren Ursprung in kleinen Höhlen eines Mergelsteins und sind auf alle Weise merkwürdig als ein neueres Erzeugniß, wo ein Minimum der in Kalkgestein enthaltenen Kieselerde, wahrscheinlich dunstartig befreit, rein und wasserhell in Krystalle zusammentritt.

Ferner besuchten wir die hinter dem Königsberge von

Quäkern angelegte wie auch betriebene Messerfabrik und fanden uns veranlaßt, ihrem ganz nah bei Pyrmont gehaltenen Gottesdienst mehrmals beizuwohnen, dessen nach langer Erwartung für improvisirt gelten sollende Rhetorik kaum Jemand das erste Mal, geschweige denn bei wiederholtem Besuch, für inspirirt anerkennen möchte. Es ist eine traurige Sache, daß ein reiner Kultus jeder Art, sobald er an Orte beschränkt und durch die Zeit bedingt ist, eine gewisse Heuchelei niemals ganz ablehnen kann.

Die Königin von Frankreich, Gemahlin Ludwigs XVIII., unter dem Namen einer Gräfin Lille, erschien auch am Brunnen, in weniger, aber abgeschlossener Umgebung.

Bedeutende Männer habe ich noch zu nennen: Konsistorialrath Horstig und Hofrath Marcard, den Letztern als einen Freund und Nachfolger Zimmermanns.

Das fortdauernde üble Wetter drängte die Gesellschaft öfters ins Theater. Mehr dem Personal als den Stücken wendete ich meine Aufmerksamkeit zu. Unter meinen Papieren find ich noch ein Verzeichniß der sämmtlichen Namen und der geleisteten Rollen; der zur Beurtheilung gelassene Platz hingegen wird nicht ausgefüllt. Iffland und Kotzebue thaten auch hier das Beste, und Eulalia, wenn man schon wenig von der Rolle verstand, bewirkte doch durch einen sentimental-tönend weichlichen Vortrag den größten Effekt; meine Nachbarinnen zerflossen in Thränen.

Was aber in Pyrmont apprehensiv wie eine böse Schlange sich durch die Gesellschaft windet und bewegt, ist die Leidenschaft des Spiels und das daran bei einem Jeden, selbst wider Willen erregte Interesse. Man mag, um Wind und Wetter zu entgehen, in die Säle selbst treten oder in bessern Stunden die Allee auf und ab wandeln, überall zischt das Ungeheuer durch die Reihen; bald hört man, wie ängstlich eine Gattin den Gemahl nicht weiter zu spielen ansieht, bald begegnet uns ein junger Mann, der in Verzweiflung über seinen Verlust die Geliebte vernachlässigt, die Braut vergißt;

da nun erschallt auf einmal der Ruf grenzenloser Bewunderung: die Bank sei gesprengt! Es geschah diemal wirklich in Roth und Schwarz. Der vorsichtige Gewinner setzte sich alsbald in eine Postchaise, seinen unerwartet erworbenen Schatz bei nahen Freunden und Verwandten in Sicherheit zu bringen. Er kam zurück, wie es schien mit mäßiger Börse; denn er lebte stille fort, als wäre nichts geschehen.

Nun aber kann man in dieser Gegend nicht verweilen, ohne auf jene Urgeschichten hingewiesen zu werden, von denen uns römische Schriftsteller so ehrenvolle Nachrichten überliefern. Hier ist noch die Umwallung eines Berges sichtbar, dort eine Reihe von Hügeln und Thälern, wo gewisse Heereszüge und Schlachten sich hatten ereignen können.

Da ist ein Gebirgs-, ein Ortsname, der dorthin Winke zu geben scheint, herkömmliche Gebräuche sogar deuten auf die frühesten, roh feiernden Zeiten, und man mag sich wehren und wenden, wie man will, man mag noch so viel Abneigung beweisen vor solchen aus dem Ungewissen ins Ungewissere verleitenden Bemühungen, man findet sich wie in einem magischen Kreise befangen, man identifiziert das Vergangene mit der Gegenwart, man beschränkt die allgemeinste Räumlichkeit auf die jedesmal nächste und fühlt sich zuletzt in dem behaglichen Zustande, weil man für einen Augenblick wähnt, man habe sich das Unfaßlichste zur unmittelbaren Anschauung gebracht.

Durch Unterhaltungen solcher Art, gesellt zum Lesen von so mancherlei Heften, Büchern und Büchelchen, alle mehr oder weniger auf die Geschichte von Pyrmont und die Nachbarschaft bezüglich, ward zuletzt der Gedanke einer gewissen Darstellung in mir rege, wozu ich nach meiner Weise sogleich ein Schema verfertigte.

Das Jahr 1582, wo auf einmal ein wundersamer Tag aus allen Weltgegenden nach Pyrmont hinströmte und die zwar bekannte, aber noch nicht hochberühmte Quelle mit unzähligen Gästen heimsuchte, welche bei völlig mangelnden Einrichtungen sich auf die kümmerlichste und wunderlichste Art behelfen mußten, ward als prägnanter Moment ergriffen und auf einen solchen Zeitpunkt, einen solchen unvorbereiteten Zustand vorwärts und rückwärts ein Märchen erbaut, das zu Absicht hatte, wie die Amusemens des eaux de Spa sowol in der Ferne als der Gegenwart eine unterhaltende Belehrung zu gewähren. Wie aber ein so löbliches Unternehmen unterbrochen und zuletzt ganz aufgegeben worden, wird aus dem Nachfolgenden deutlich werden. Jedoch kann ein allgemeiner Entwurf unter andern kleinen Aufsätzen dem Leser zunächst mitgetheilt werden.«

Hier der »allgemeine Entwurf«:

>>*Aufenthalt in Pyrmont.*

1801.

Im Jahre 1582 begab sich auf einmal aus allen Welttheilen eine lebhafte Wanderschaft nach Pyrmont, einer damals zwar bekannten, aber doch noch nicht hochberühmten Quelle; ein Wunder, das Niemand zu erklären wußte. Durch die Nachricht hiervon wird ein deutscher wackerer Ritter, der in den besten Jahren steht, aufgeregt; er befiehlt seinem Knappen, alles zu rüsten und auf der Fahrt ein genaues Tagebuch zu führen, denn dieser, als Knabe zum Mönch bestimmt, war gewandt genug mit der Feder. Von dem Augenblicke des Befehls an enthält sein Tagebuch die Anstalten der Abreise, die Sorge des Hauswesens in der Abwesenheit, wodurch uns denn jene Zustände ganz anschaulich werden.

Sie machen sich auf den Weg und finden unzählige Wanderer, die von allen Seiten herzuströmen. Sie sind hilfreich, ordnen und geleiten die Menge, welches Gelegenheit gibt, diese Zustände der damaligen Zeit vor

Augen zu bringen. Endlich kommt der Ritter als Führer einer großen Karawane in Pyrmont an; hier wird nun gleich so wie bereits auf dem Wege durchaus das Lokale beachtet und benutzt. Es war doch von uralten Zeiten her noch manches übrig geblieben, das an Hermann und seine Genossen erinnern durfte. Die Kirche zu Lügde, von Karl dem Großen gestiftet, ist hier von höchster Bedeutung. Das Getümmel und Gewimmel wird vorgeführt; von den endlosen Krankheiten werden die widerwärtigen mit wenig Worten abgelehnt, die psychischen aber, als reinlich und wundervoll, ausführlich behandelt, sowie die Persönlichkeit der damit behafteten Personen hervorgehoben. Bezüge von Neigung und mancherlei Verhältnisse entwickeln sich, und das Unerforschliche, Heilige macht einen wünschenswerten Gegensatz gegen das Ruhmwürdige. Verwandte Geister ziehen sich zusammen, Charaktere suchen sich, und so entsteht mitten in der Weltwoge eine Stadt Gottes, um deren unsichtbare Mauern das Pöbelhafte nach seiner Weise wütet und ras't; denn auch Gemeines jeder Art versammelte sich hier: Marktschreier, die besonderen Eingang hatten; Spieler, Gauner, die jedermann, nur nicht unseren Verbundeten drohten; Zigeuner, die durch wunderbares Betragen, durch Kenntnisse der Zukunft Zutrauen und zugleich die allerbänglichste Ehrfurcht erweckten; der vielen Krämer nicht zu vergessen, deren Leinwand, Tücher, Felle vom Ritter sogleich in Beschlag genommen und dem sittlichen Kreise dadurch ein gedrängter Wohnort bereitet wurde.

Die Verkäufer, die ihre Ware so schnell und nützlich angebracht haben, suchten eilig mit gleichen Stoffen zurückzukehren; andere spekulierten, daraus sich und Andern Schirm und Schutz gegen Wind und Wetter aufzustellen; genug, bald war ein weit sich erstreckendes Lager errichtet, wodurch bei stetigem Abgange der Nachfolgende die ersten Wohnbedürfnisse befriedigt fand.

Den Bezirk der edlen Gesellschaft hatte der Ritter mit

Pallisaden umgeben und so sich der jedem physischen Andrang gesichert. Es fehlt nicht an mißwollenden, widerwärtig-heimlichen, trotzig-heftigen Gegnern, die jedoch nicht schaden konnten; denn schon zählte der tugendsame Kreis mehrere Ritter, alt und jung, die sogleich Wache und Polizei anordnen; es fehlt ihm nicht an ernsten geistlichen Männern, welche Recht und Gerechtigkeit handhaben.

Alles dieses ward im Stile jener Zeit als unmittelbar angeschaut von den Knappen täglich niedergeschrieben mit naturgemäßen kurzen Betrachtungen, wie sie einem heraufkeimenden guten Geiste wohl geziemten.

Sodann aber erschienen, Aufsehen erregend, langfaltig blendend weiß gekleidet, stufenweise bejahrt, drei würdige Männer: Jüngling, Mann und Greis, und traten unversehens mitten in die wohldenkende Gesellschaft.

Selbst geheimnisvoll, enthüllten sie das Geheimnis ihres Zusammenströmens und ließen auf die künftige Größe Pyrmonts in eine freundliche Ferne lichtvoll hinaussehen.

Dieser Gedanke beschäftigte mich die ganze Zeit meines Aufenthaltes, ingleichen auf der Rückreise. Weil aber, um dieses Werk gehaltvoll und lehrreich zu machen, gar manches zu studieren war und viel dazu gehörte, dergleichen zersplitterten Stoff ins Ganze zu verarbeiten, so daß es würdig gewesen wäre, von allen Badegästen nicht allein, sondern auch von allen deutschen, besonders niederdeutschen Lesern beachtet zu werden, so kam es bald in Gefahr, Entwurf oder Grille zu bleiben, besonders da ich meinen Aufenthalt in Göttingen zum Studium der Geschichte der Farbenlehre bestimmt hatte, wovon an seinem Ort gehandelt worden.«

Dies das »Mährchen« von Pyrmont, in der Tat

wundersam und schon im »Schema«, wie Goethe seinen Entwurf nannte, voller Reize, die in der Ausarbeitung sicherlich noch deutlicher hervorgetreten wären. Jedenfalls hätte diese Dichtung, als Roman oder Epos vollendet, eine ganz einzigartig Stellung in Goethes Schaffen eingenommen: wie weit ab liegt schon das Stoffliche von den sonstigen Interessengebieten des Dichters! Nur im »Faust« klingt ähnliches. Aber es ist müßig, etwa darüber zu klagen, daß Goethe die »sehr weitschichtige Arbeit«, wie er sie fünfundzwanzig Jahre später noch nannte, Entwurf bleiben ließ; er wird gewußt haben, was er tat, wird schon bei der Konzeption instinktiv das Fremde gewittert haben, das wir selbst daran als unpoetisch empfinden, und mit dem Verklärten, in Göttersphären Entrückten darüber zu rechten, daß er so und nicht anders gehandelt, wäre kleinlicher Eigensinn.

Interessanter, den Quellen nachzugehen, aus denen Goethe geschöpft — gewinnt man da doch gleichzeitig einen Überblick über die Lektüre, die der Pyrmonter Kurgast Goethe, sicherlich der erlauchteste, den das Bad jemals beherbergt, damals gepflogen. Von »Büchern und Büchelchen« spricht der Greis in den »Annalen« ... Forscherfleiß hat diese Bücher und Büchelchen in alten Archiven aufgestöbert, und wenn man nun Titel aufzählen darf wie diese: »Pyrmonts Denkwürdigkeiten, Eine Skizze für Reisende und Kurgäste, Leipzig 1800 bei Karl Wilhelm Küchler« und »Beschreibung von Pyrmont von Henrich Matthias Marcard, Leipzig 1784/1785 bey Weidmanns Erben und Reich«; oder liest man im Tagebuch des Dichters von dem Eindruck, den etwa eine jene Pilgerfahrt von 1582 behandelnde Erzählung von Heinr. Bünting in der »Braunschweigischen und Lüneburger Chronika« (Magdeburg 1620) auf ihn gemacht hat, so kann man sich gut den bedächtigen, sorgfältig gekleideten Mann vorstellen, wie er, diese alten Folianten und Pappbände im Arm, die

Alleen Pyrmonts durchwandelt und nach einem stillen Platz zu ungestörtem Lesen sucht.

Da stieg dann, auf geschichtlichem Boden, die Vergangenheit des Bades aus diesen Büchern, und die dunklen Augen Goethes mögen oft versonnen über die nahen Hügel und Berge geschweift sein, über die schon die Legionen des Varius gezogen waren und um die noch der Spuk mittelalterlicher Legenden geisterte ... bis ihn Freund Griesbach aus Jena oder der kleine August, der den Vater suchte, aus seinen Träumen weckten zu freundlichem Genuß des Tages und des gegenwärtigen Lebens.

Und langsam neigte sich die Zeit, die Goethe der Erholung in Pyrmont gönnen durfte oder wollte, ihrem Ende zu. In den Gärten blühten die Juli-Rosen, und abends trug der Wind, der von den Bergen kam, den Duft der reifenden Felder in die stillen Straßen. Auch regnete es oft. Das war sehr langweilig. Denn die fremden Zimmer, auf die man dann doch angewiesen war, wurden kalt und ungemütlich, die Reize des kleinen Theaters waren bald erschöpft, der Kursaal, wo gespielt wurde, lockte nicht.

Abwechslung, aber auch Unruhe hatte am 9. Juli die Ankunft »Durchlaucht des Herzogs« aus Weimar gebracht ... der Kur Goethes jedenfalls nicht sehr förderlich, denn Carl August war, kränkelnd und deshalb mißgestimmt, gelegentlich auch zu alten Ausschweifungen in Baccho et Venere neigend, gewiß keine bequeme Gesellschaft.

Am 26. Juni hatte sich Carl August angemeldet. »Die fatalen Krämpfe, mein lieber Freund,« hatte er an Goethe geschrieben, »haben endlich doch die Überhand behalten, sie warfen mich seit Deiner Abreise dreymahl nieder und überwiegen meine Plane, die ich in Ansehung des Geldes und der Zeit gemacht hatte; ich komme doch nach

Pyrmonth. Den 10. July Abends, Freytag über 14 Tage, komme ich dorten an. Erzeige mir den Gefallen folgendes zu bestellen:

1 Stube mit Bette für mich,

1 dergleichen für Eglofstein,

1 dergleichen mit 2 Betten für Kammd und Canzlist;

   2 Stuben für 3 Bedt und 2 Reitknechte, nebst geh. Betten.

   Stall und Furage auf 4 Pferde.

Wir kommen über Caßel. An Table d'hôte eßen wir beyde und bedürfen daher keiner besonderen Kost. In welchem Hause wir wohnen sollen, ist mir gleichgültig ... Deine Gesundheit befindet sich wohl an der trefflichen Heils Quelle erneuert und frisch belebt? herzlich wünsche ich es. Auch ich suche Trost dorten, um mit Dir noch etliche Jahre vergnügt und nützlich zu vertreiben.«

Ein zweiter Brief am 29. Juni meldete dann in humorvollerer Form, daß Carl August, um Goethe möglichst wenig Mühe zu machen, seinem »Mephisto«, d. h. den Kammerdiener Kämpfer, als Quartiermacher nach Pyrmont vorschicken würde: »Dazu kömmt, daß den armen Teufel es gut behagen wird, wenn er ein Tager achte ohne an meinen Leibe warten und schaaben zu müssen, ruhig zu seinem besten baaden und trincken kann.«

Ob der Herzog, um dessen Gesundheit es wirklich damals kritisch stand, in Pyrmont die erwartete Erholung gefunden hat, weiß man nicht. Ein Brief Goethes an Christiane berichtet nur kurz und sachlich: »Der Herzog ist munter und lustig.« Aber immerhin: es spricht nichts dagegen, daß Karl August sich in Pyrmont zumindest wohl gefühlt hat; um im Stile seiner Briefe zu sprechen, hat das Bad doch dafür gesorgt, daß nicht die schwarze, sondern die weiße Fahne wehte, und Goethe und er haben noch mehr als »etliche Jahre vergnügt und nützlich« zusammen vertrieben.

Am 17. Juli verläßt Goethe Pyrmont, mit »Akten und Erinnerungen reicher beladen«, als er selbst gedacht, und vor allem, wie die nun folgenden Tage in Göttingen zeigen, schaffensfreudig und empfänglich wie lange nicht.

Regenwetter erleichtert den Abschied; die Sehnsucht nach der geliebten Hausgenossin und Frau in Weimar, mit der er auf der Rückreise in Kassel zusammentreffen will, hat den Zeitpunkt der Abfahrt ebenfalls um Tage vorgerückt. »Mit Freuden werde ich,« schreibt er am 12. Juli an Christiane, »Koppenfeldens Scheungiebel (das Nachbarhaus am Frauenplan) wiedersehen und Dich an mein Herz drücken und Dir sagen, daß ich Dich immerfort und immer mehr liebe.«

Wie schön, wie liebevoll diese wenigen Worte!

Und so verstauen sich an einem feuchten Morgen, von den Bergen weht es kühl, und auf der aufgeweichten Straße spiegeln die Regenpfützen grauen Wolkenhimmel, »Vater, Sohn und Geist« wieder in der schwerfälligen Reisechaise, die sie vor vier Wochen hierhergebracht: Goethe ernst und nachdenklich, der in Pyrmont verlebten Tage gedenkend, deren Resultat immerhin ungewiß; August lebhaft und sich kindlich des Neuen im voraus freuend, das die Fahrt bieten wird; Geist, der Schreiber, gleichmütig wie immer.

In der Haustür der Wirt, der Brunnenkassierer Voigt, devot das Käppchen in der Hand, bis die Pferde anziehen und der Wagen davonrollt ... der brave Mann ahnt nicht, daß ihm dieser Kurbesuch Unsterblichkeit schenkt!

Erstes Reiseziel Göttingen. Dort ist Goethe, sehr tätig, bis zum 14. August. Tags drauf trifft er dann in Kassel Christiane und Heinrich Meyer, und im Posthaus am Königsplatz, bei der Madame Goullon, kann die »wertheste Demoiselle« Vulpius endlich wieder nach mehr als zehn Wochen des Hangens und Bangens den geliebten Mann und das »Bübchen« in ihre Arme schließen.

Donnerstag nach Belvedere ...

>»Und durch die Gärten blendet der Palast
(wie blasser Himmel mit verwischtem
Lichte),
in seiner Säle welke Bilderlast
versunken wie in innere Gesichte,
fremd jedem Feste, willig zum Verzichte
und schweigsam und geduldig wie ein Gast.«
>
> *Rainer Maria Rilke*

Mai Achtzehnhundertunddreizehn. Weimar hat sich von dem Schrecken erholt, den am 18. April ein Gefecht zwischen dem Blücherschen Korps und der Avantgarde des Marschalls Ney in seine stillen Straßen getragen hatte. Goethe ist in Teplitz. Die kriegerischen Wirren haben ihn nicht von der gewohnten Badereise abhalten können. Am 17. April, einem Tag nur vor dem Kampf am Kegeltor, hat er Weimar verlassen. In Tharandt erst hört er davon — wie er später aus Teplitz an Christiane schreibt: auf eine Weise, die ihn mehr verdroß als erschreckte. Seine eigene, so wunderbare und unvorsetzliche Entfernung hätte ihm die Hoffnung gegeben, daß das Übel auch von Weimar entfernt geblieben sein würde ...

Nun ist Christiane schon weit über einen Monat allein zu Haus. Und langweilt sich. Sie ist mittlerweile eine rundliche, behäbige Frau geworden und sitzt jetzt mindestens ebenso gerne in dem schönen bequemen Rohrstuhl, den ihr der »liebe Herr Geheimderath« geschenkt hat und der unten in der Küche neben dem Herde steht, wie sie früher getanzt hat ... womit nicht gesagt sein soll, daß sie etwa nicht auch jetzt noch für ihr Leben gerne tanzte. In den weichen Grübchen um Kinn und Mund wohnt noch immer der Schalk, und die guten braunen Augen schauen noch genau so lustig und lebensfroh in die Welt wie damals, als sie noch die junge Demoiselle Vulpius war.

Ja, sie langweilt sich. August, nun schon längst wohlbestallter Kammerassessor, ist wieder einmal seine eigenen Wege gegangen, und mit der verliebten Uli, der Gesellschafterin, die ihren Riemer im Kopf hat, ist auch nichts Rechtes anzufangen. So wandert sie durch die Zimmer des großen Hauses. Ihr ist heute nicht so recht. Daß aus Teplitz kein Brief gekommen, macht ihr Sorge. Und die stillen, feierlichen Räume mit den tausend Erinnerungen an Dingen, von denen sie nichts weiß und versteht, bedrücken sie ... der kolossale Kopf der Juno, die Nike, die ewig gleich und ruhelos auf ihrer Kugel über den ovalen Tisch fliegt, die Silhouetten, die Kupfer an den Wänden.

Mit einem halben Seufzer tritt sie ans Fenster und blickt auf den Platz hinab, den Maisonne mit Licht geradezu überschüttet. Ein leerer Nachmittag. Was tun? Haus und Garten sind in Ordnung, alles blitzt, alles funkelt, nirgends liegt ein Stäubchen. Draußen aber lacht der junge Sommer durch die Gassen und lädt ins Freie. Sie denkt an Berka, denkt ans Rödchen, an Belvedere. Belvedere ... das wäre etwas! Da könnte man hübsch im Gasthof Kaffee trinken, nachher ein bißchen in den Park gucken oder die Schwäne füttern, da würden die dummen Gedanken schon vergehen. Und kurz entschlossen schickt sie zu Frau Dr. Vulpius herum, die nebenan wohnt, und zu Lortzings und der Demoiselle Engels, der Sängerin: ob die Damen nicht mit nach Belvedere fahren wollten? Der Wagen stände bereit, und Kuchen nähme sie mit.

Schon ein paar Minuten später schellt es unten ... am Torweg, wo es zur Küche geht. Denn das Mittelportal, das zu der großen Treppe führt, ist nur für die illustren Gäste da, das weiß ganz Weimar. Es ist die Schwägerin. Ihr folgt die kleine Engels auf dem Fuße. Beide in ihrem besten Staat, die frisch gestärkten Kleider rauschen, die Engels, ein lebendiger Blumenstrauß, hat überm Arm an himmelblauem Band den großen Schutenhut hängen. Lortzings, meldet der Diener, sind schon zu Fuß nach Belvedere.

Und es dauert nicht lange, da biegt die offene Chaise mit den vier Damen aus dem dunklen Torweg, und in lustigem Trab — aus den Fenstern am Frauenplan strecken die Nachbarn neugierig die Köpfe — geht es durch die Frauentorstraße, am Jägerhaus vorbei, wo Christiane als Goethes »Klärchen« so schöne Stunden verlebt und wo sie August unter dem Herzen getragen, in die Belvedere-Allee. Das Römische Haus ist ganz in Flieder und Jasmin gebettet. Auch die Kastanien blühen. Das sind nun auch schon alles große schattige Bäume geworden. In ihrer Kindheit, entsinnt Christiane sich, führte ein elender staubiger Fahrweg nach Belvedere; wo das Römische Haus steht, war kahles Feld; und der Park? mein Gott, das war alles Sumpf und Wiese und graues Weidengestrüpp. Die samtenen Rasenflächen, die jetzt da in der Sonne leuchten, die schönen Bosketts, die schattigen Wege, das hat alles erst der Hätschelhans geschaffen. Auch die Kastanien der Allee hat er erst angepflanzt. Nun fährt man wie durch einen großen Garten nach dem Belvedere, und erinnerungsversunken streicht die kleine Frau die weißen Blüten, die von den

Bäumen in den Wagen regnen, auf ihrem Schoß zusammen und streut mit spielerischer Hand sie in den Wind, der sanft und warm die Fahrenden umfächelt ... Grüße, die nach Teplitz wandern.

Aber das ist nur ein kurzer Augenblick. Schnell ist sie wieder mit den Freundinnen in lustigem Gespräch, ihr helles Lachen übertönt das Rollen des Wagens, das Getrappel des Pferdchens. Und als am Ende der Allee hügelauf zwischen den Parkbäumen das Schloß auftaucht mit glitzernder Fontäne, da winkt sie unbekümmert mit dem Taschentuch Willkommensgrüße zu den herzoglichen Fenstern hinüber ... ganz Kind, ganz Lebenslust, ganz Sommerfreude.

Im Gasthofsgarten oben, unter den Linden, suchen Lortzings, mit Hallo begrüßt, schon nach einem schattigen Platz. Schnell ist der Tisch gedeckt. Der Wirt, in weißer Schürze, bedient höchstselbst die lustige Gesellschaft. Das läßt er sich nicht nehmen, wenn die Exzellenz Goethe da ist. Die Kaffeetassen klappern, um den Kuchen summen erste Bienen, auf dem Teiche vor der Schlehdornhecke gleiten langsam die Schwäne auf und ab — behaglich sitzt Christiane im warmen Blätterschatten, die Hände im Schoß. Erzählt, läßt erzählen und denkt bisweilen auch, das Auge traumverloren in der Ferne, wo im Sonnendufte Weimar mit seinen Türmen liegt, an ihren lieben Geheimderath in Teplitz.

Und leise kommt der Abend. Im Parke fangen die Nachtigallen an zu schlagen. Alle Wege umspinnt eine süße Heimlichkeit — wie damals, als die junge Christel, das »kleine Naturwesen«, sich zu dem Geliebten ins Gartenhaus am Stern stahl. Durch die laue Dämmerung geht es heim, und während aus den Wiesen Ober-Weimars weiß die Nebel steigen, singt die kleine Engels mit halber Stimme Goethe-Lieder ...

Noch nachts schreibt Christiane nach Teplitz. Schwärmt

kindlich von dem schönen Nachmittag in Belvedere, vom Abend, wo sie zu Hause mit Uli und der Schwägerin noch ein bißchen »Rabusche« gespielt. Und für morgen wäre, wenn das Wetter so bliebe, »eine Partie nach Zwätzen arrangirt«, und für Sonntag hätte die Knebel sie nach Jena eingeladen, zum Tanzen. Und sie wäre »wie ein Vogel so vergnügt« und »sein treuer Schatz«. Und wenn wir auch nicht wissen, ob sie wirklich so geschrieben hat, denn ihre Briefe aus dieser Zeit sind verloren gegangen, so hat der Brief doch sicherlich so ähnlich gelautet.

Goethe, nun doch schon ein Sechziger, lächelt behaglich, als er das krause Geschreibsel erhält. »Ich freue mich,« antwortet er, »daß Alles bei euch wieder im alten Gleise geht, die Besorgung der Gärten, das Theater und das liebe Belvedere. Fahret so fort, das Nöthige zu thun und euch zu vergnügen.« Und mag wohl auch bei diesen Worten an die übermütigen Verse gedacht haben, die er vor noch gar nicht langer Zeit für »Die Lustigen aus Weimar« niedergeschrieben hat, an jenes heitere Gedicht:

Donnerstag nach Belvedere,
Freitag geht's nach Jena fort;
Denn das ist, bei meiner Ehre,
Doch ein allerliebster Ort!
Samstag ist's, worauf wir zielen,
Sonntag rutscht man auf das Land;
Zwätzen, Burgau, Schneidemühlen
Sind uns alle wohlbekannt.

Montag reizet uns die Bühne;
Dienstag schleicht dann auch herbei,
Doch er bringt zu stiller Sühne
Ein Rapuschchen frank und frei.
Mittwoch fehlt es nicht an Rührung;
Denn es gibt ein gutes Stück;

Donnerstag lenkt die Verführung
Uns nach Belveder' zurück.

Und es schlingt ununterbrochen
Immer sich der Freudenkreis
Durch die zweiundfunfzig Wochen,
Wenn man's recht zu führen weiß.
Spiel und Tanz, Gespräch, Theater,
Sie erfrischen unser Blut;
Laßt den Wienern ihren Prater;
Weimar, Jena, da ist's gut.

───────────────────────

Und ein anderer Maitag. Ein Jahrhundert und mehr ist
vergangen. Ein unseliger Krieg, der bitterste, den je ein Volk
zu führen gehabt hat, liegt hinter uns, und vieles hat in
Deutschland sich geändert. Auch Weimar hat keinen
Fürsten mehr. Der höfische Glanz, der wohlgefällig sich in
den zahlreichen Hoflieferantenschildern spiegelte, ist jäh in
nichts zerronnen, die kleine Stadt ist jetzt allein auf ihre
Erinnerungen angewiesen. Sie sind die alten geblieben: der
Frauenplan, die Ackerwand, der Garten am Stern, das
Römische Haus. Sie geben auch auf dem Weg nach Belvedere
noch immer ergreifend das Geleit, wo von den Kastanien
still die Blüten fallen. Ihre Zeit ist um. Ein rosiger Schaum,
bedecken sie weithin die ganze Allee. Die ist gemach ein
einziger großer Laubengang geworden, und der Enkel, der
in ihrem grünen Schatten wandert, kann sich kaum mehr
vorstellen, daß das jemals anders gewesen. Des jungen
Goethe stolzer Traum ist herrlichste Erfüllung geworden.

Langsam klettert die Straße hügelan. Ober-Weimar, ganz
von rotem Flieder umbrandet, bleibt zurück, Felder
begleiten. Ab und zu ein Haus. Aber plötzlich steigt hinter
steiler Rasenwand, von dunklen Baumbosketts gerahmt, die

Schloßfassade auf — Vergangenheit, von Goldglanz überhaucht, blickt müde und verschlafen aus toten Fenstern auf den Fremdling, der ihr sich naht mit bannender Gebärde, und seltsam mengt sich in den Duft des jungen Sommers, der über Busch und Wiesen flügelt, der strenge Hauch von welkem Laub, das irgendwo vermodert. Und wie die breite Allee nun schmaler Weg wird und sich behutsam näher schlängelt — kein Gitter, keine Mauer trennen die Welt des Gestern und des Heute —, merkt man, daß hier das Leben längst gestorben ist. Historie hält Schloß und Park gefangen, die Wirklichkeit wird Traum, wird Märchen.

Verhaltenen Atems wandert man um das Rondell, das vor der langgestreckten Front liegt. Der Brunnen in der Mitte ist versiegt, das Becken ist vertrocknet. Wo früher plätschernd die Fontäne stieg, spielen zwei dunkle Falter, und in den steinernen Schilderhäusern neben dem Altan hockt die Einsamkeit und träumt in die Stille. Es ist so still, daß in der Erde man das Echo seiner eigenen Schritte hört. ... gespenstisch still.

Auch die Gebäude, die den weiten Vorplatz malerisch umgeben, schlafen: die sogenannten Kavalierhäuser, zwei kleine und zwei größere. Die gebrochenen Dächer, die bizarren Türmchen stehen vor der dunklen Parkwand wie Kulissen aus »Kabale und Liebe«. Aus dem einen, dem Haus des Kastellans, kräuselt dünner Rauch in die blaue Luft ... das bißchen Rauch allein verrät, daß hier noch Menschen wohnen. Sonst alles ein leibhaftiges Rokoko — nur tot, so tot, daß einen fast ein leises Grauen beschleicht.

In einer Laube wartet man des Führers. Durch die Blätter kann man die goldene Schloßfront sehen. Sie glüht wie in geheimnisvollem Leben, um Turm und Kuppeln tanzt das Licht, der Schiefer gleißt wie flüssiges Silber. Da naht Erinnerung und plaudert von verschollenen Zeiten.

Belvedere ... schon der Name beschwört ein längst verwehtes Gefühlsklima. Die Welt Watteaus steigt auf. Man denkt an Schäferspiele und galante Feste. Die Fürsten Deutschlands, so lange eingewinkelt in die engen Mauern ihrer finsteren Burgen, bauen kokette Lustschlösser und borgen sich bei Frankreich und Italien die anmutig klingenden Namen dafür. Überall spukt Versailles, fremd glitzern in den stillen deutschen Gärten hinter Taxushecken und vergoldeten Gittern die »Monbijou« und »Monplaisir«, die »Sanssouci« und »Bellevue«.

In Weimar regiert Ernst August, ein üppiger, prachtliebender Herr, der gern in stolzer Kavalkade auf die Jagd reitet, teure Reisen macht und sich im übrigen in der alten Wilhelmsburg mit ihrem Wall und Graben durchaus nicht wohlfühlt. Auch er träumt von Versailles, auch ihn packt das Baufieber, das damals an den deutschen Höfen grassiert und die seltsamsten Blüten treibt. Italienische Architekten erscheinen in Weimar, Pläne werden entworfen, vernichtet, neu entworfen. Der Herzog selbst, ein wenig roh zwar, aber keineswegs ohne eigenen Geschmack und Kunstverständnis, sitzt tagelang ehrlich hingegeben über den Rissen der fremden Künstler, und wenn die Enkel Palladios seine Residenz naserümpfend ein elendes Nest nennen, gibt er ihnen recht und verrennt sich immer mehr in seine kostspieligen, das Land unmäßig belastenden

Verschönerungsideen. So entsteht auf bewaldetem Berghang bei Ehringsdorf, eine knappe Stunde Wegs von Weimar, als Jagdschloß gedacht, zuerst Belvedere. Eine alte Chronik erzählt darüber: »Als aber Ihro Hochfürstliche Durchlaucht Herzog Ernst August die ungemeine schöne Lust Gegend ansahen, so traffen Höchstdieselben mit der Ehringsdorffischen Kirche einen Tausch, und gaben derselben an dessen Statt ein Holtz an so genanntem Kettendorfer Berge, und erbauten in diesen Frauen-Holtz ein Lust-Schloß nebst noch andern schönen Gebäuden, versahen solches rings herum mit Mauern, und nannten es wegen der schönen Aussicht Bellevüe oder Belvedere ...«

1724 beginnt man mit dem Bau, 1732 ist er vollendet — ein wenig wunderlich in der Anlage, die die Flügel in Einzelgebäude zerlegt, die Front durch die Säulendurchfahrten zerreißt, aber im ganzen doch hübsch und gefällig in der Wirkung. Er spiegelt mit all dem krausen Beiwerk, das den Berg überspinnt, dem Marstall, der Orangerie, der Menagerie, der Fasanerie, den Tempeln, Grotten und versteckten Lauben, getreu die barocke Laune, der es das Dasein dankt, und betont doch gleichzeitig gebührend, trotz aller ländlichen Bescheidenheit, Rang und Würde des fürstlichen Bauherrn. Joh. Heinr. Acker, ein Gymnasialdirektor aus Altenburg, preist schon anno 1730 die »Augustische Bellevüe« in einer langatmigen Ode als ein »Lust-Haus der Philomelen«, und aus dem unbeholfenen Schwulst seiner Verse steigt rührend die »sonderbahre« Schönheit des Schlosses auf:

»Was Welschland recht und zierlich bauet
Wird hier in gleichem Strich, und gleichem
    Glanz geschauet.
Man siehet ja recht Königliche Zimmer
        In vollem
           Schimmer.

Der Römer August baute schön,
Statt Ziegeln ließ er Marmor sehn,
Allein August, der Held von Sachsen,
Bey dessen Raute Kunst und Wissenschaften
    wachsen,
Baut aus Metall und Porcellan Paläste
          Für Götter Gäste
            …«

Der eigentliche Baumeister von Belvedere ist unbekannt. Vielleicht ist es der Italiener Struzzi gewesen, der etwas später für Ernst August das reizende Rokoko-Schlößchen in Dornburg gebaut hat. Manche Ähnlichkeit spricht dafür, aber Gewisses ist nicht zu ermitteln. Auch Ettersburg, zur gleichen Zeit in Anlehnung an italienische Renaissance-Villen erbaut, verrät nichts. So schnell, wie sie gekommen, sind sie auch wieder aus Weimar verschwunden, die fremden Künstler, und nur in dem Namen Belvedere und in manchen Einzelheiten des eigenartigen Baus schwingt noch etwas von ihrem grazilen, südlich-lebhaften Wesen.

———————————

Schicksal hat das Schloß eng verflochten mit dem Leben vieler Menschen. Ernst August, der's erbaut, wie Goethe nach einem Porträt urteilt: »bey übrigen trefflichen Anlagen Tyrann«, ist 1749 gestorben, einem Kind sein Erbe lassend, und Schloß und Garten verwildern. Häßlich schreien nachts die Pfauen in ihren goldenen Käfigen, kreischen die Affen, die hier das Gnadenbrot erhalten. So findet es Anna Amalia, als der Sohn, achtzehnjährig und seit einem Jahre Herzog, die braunschweigische Prinzessin im März 1756 hier als junge Frau hinaufführt. Und gewinnt es lieb für immer. Neuer Glanz belebt das Verfallene, die stillen Säle und Zimmer füllt frohes Lachen. Als Ernst August Constantin nach zwei Jahren stirbt, wählt die Witwe Belvedere als Sommerresidenz. Der Park wird von den Schnörkeln und den Arabesken Ernst Augusts, überlebten Spielereien, die dem gesunden Geschmack der jungen Fürstin nicht behagen, gesäubert, die »Mauren« fallen, die jeden Blick in die Außenwelt wehrten, und den jungen Prinzen Carl August und Constantin, die hier Kindertage verleben, lächelt unverfälschte Natur.

Fast zwanzig Jahre bleibt es so. Das Leben in Weimar geht still seinen Gang. Carl August wächst heran — in nur zu vielem ganz das wilde, ungestüme Blut des Großvaters. Kaum können Mutter und Erzieher den Dahinbrausenden halten. Einziges Ereignis ist in dieser ganzen Zeit der Schloßbrand vom Mai 1774. Die alte Wilhelmsburg wird Ruine, die Herzogin obdachlos und flüchtet in das Fritschsche Haus an der Stadtmauer, das spätere »Wittumspalais«. So ist in diesem Sommer, dem letzten von Anna Amalias Regentschaft, Belvedere allein Residenz. Im Jahr darauf besteigt Carl August den Thron, und in Belvedere zieht im Sommer 1776 des Herzogs junge Frau ein, die hessische Prinzessin Louise. Anna Amalia siedelt, schweren Herzens, nach Ettersburg über.

Damit beginnt für Belvedere die große Zeit, beginnt auch die große Zeit Weimars. Über ein Jahrhundert ist das Schloß nun Sommeraufenthalt der fürstlichen Familie, und erst dem Urenkel, dem jetzt vertriebenen Großherzog, haben die Räume, in denen alle seine Vorfahren sich behaglich gefühlt haben, nicht mehr genügt. Er hat Belvedere mit dem modern ausgebauten Wilhelmstal bei Eisenach vertauscht.

1775, im November, aber ist auch Goethe nach Weimar gekommen. Sein Stern leuchtet hell auch über Belvedere.

Am 12. September 1776 schreibt Goethe an Charlotte von

Stein, die rasch gewonnene Geliebte: »Gestern war ich in Belveder. Louise ist eben ein unendlicher Engel, ich habe meine Augen bewahren müssen, nicht über Tisch nach ihr zu sehn — die Götter werden uns allen beystehn ...«

Das ist, sieht man vom Tagebuch ab, seine erste Äußerung über Belvedere — sparsam genug. Kein Wort über Schloß und Park, wo er sonst doch jeden Eindruck, den Natur und Kunst ihm bieten, geradezu verschwenderisch umschreibt. Nur: »Louise ist eben ein unendlicher Engel.«

Hat ihr Bild das der Landschaft verdunkelt, ihr trauriges Geschick, schon damals, ein Jahr nach der Hochzeit, offenbar, alle Anteilnahme seines Herzens in Anspruch genommen? Oder hat er alles, was er schildern könnte, bei Charlotte, die als Frau des Oberstallmeisters zur Hofgesellschaft gehörte und also oft genug in Belvedere war, als bekannt vorausgesetzt? Wir wissen es nicht. Auch später wird er nicht ausführlicher. Wo er Belvedere in den sonst so mitteilsamen Briefen an Charlotte erwähnt, geschieht es kurz, nie wird es mehr als flüchtig hingeworfene Notiz. »Ich erwarte das Pferd, um nach Belvedere zu reiten. Die Waldnern soll schön geplagt werden,« heißt es am 21. Mai 1777. Oder, ein paar Tage später: »Ich reite nach Belvedere um Steinen zu sprechen.« Am 8. Juni: »Heute sehe ich Sie doch wohl in Belvedere!« Und ein wenig inhaltreicher am 12. Juni: »Heut früh war ich in Belveder, und haben gefischt und auf der Stelle gebacken, ich und der Waldnern Charlott, ein trefflich Essen bereitet.«

Diese Zeilen geben uns wenigstens ganz den jungen Goethe. Er ist zu Hof befohlen und stiehlt sich mit der niedlichen Hofdame der Herzogin Louise ins Grüne, um an einem der Teiche am Parkrand zu fischen. Fängt auch ein paar Fische und brät sie an Ort und Stelle. Aber für die bizarre Schöpfung Ernst Augusts, dessen geistige Physiognomie er doch einmal in einem frühen Briefe an den Herzog nach einem zufällig gefundenen Porträt so ausgezeichnet analysiert hat, findet er kein Wort, nur das Tagebuch registriert einmal kurz: »Die Ruinen ruiniert«, d. h., man säuberte den Park von den ›altmodisch‹ gewordenen Spielereien Ernst Augusts. Der herrliche Wald nach Buchfart mit seinen wilden Felspartien entlockt ihm keinen Jubelschrei, der Blick auf Weimar keinen Sehnsuchtslaut, während er doch in Ettersburg, die abendliche Stadt zu Füßen, dieser Sehnsucht in »Wanderers Nachtlied« erschütternden Ausdruck gibt …

Vielleicht hat das steife Hofleben in Belvedere — die Herzogin hielt sehr auf Etikette — derartige Empfindungen nicht laut werden lassen. Dieses Hofleben beherrscht auch fast ganz die spärlichen Briefstellen, in denen Belvedere überhaupt erwähnt wird, und zwischen den Zeilen steht oft genug, daß ihm die »Cour in Belweder« durchaus nicht immer Spaß gemacht hat. So seufzt er am 9. November 1778: »Zu Anfang künftger Woche wirds von Belvedere hereinkommen, und ich werde auch für diesmal die Sorge für Fusböden, Ofen, Treppen und Nachtstühle losseyn, bis es wieder von vorn angeht.« Und am 27. Mai 1781, nachdem er wenige Tage zuvor ergeben verzeichnet hat: »Heute bin ich wieder ein Hofverwandter«, schreibt er an Charlotte gar: »Ich hatte schon alles zusammengepackt und wollte Ihnen Vorrath auf heute schicken, als mir der Herzog sagen läßt, ich mögte zu ihm hinauf kommen, und mir also die Ruh und Hoffnung auf den ganzen Tag genommen ist … die Hofnoth steh ich nicht den ganzen Tag mit aus.«

Doch ist ihm diese »Hofnoth« manchmal auch ganz willkommen, wenn sie ihn mit der geliebten Frau zusammenbringt. Als Charlotte im Oktober 1778 nach Kochberg auf ihr Gut geht, klagt er:

»Von mehr als Einer Seite verwaist
Klag' ich um deinen Abschied hier.
Nicht allein meine Liebe verreist,

Meine Tugend verreist mit dir.«

Da schreibt sie tröstend auf die Rückseite des Billetts: »In Belvedere seh ich Sie heute.« Und ein andermal erklärt er: »Ich liebe Belvedere wo ich dich heute sehn werde.« Auch gemeinsame Spazierfahrten werden so möglich. Im Mai 1781, beide sind zu »Cour und Konzert« gebeten, bittet er sie, da ihn der Wind wieder am Reiten hindere, ihn im Wagen mitzunehmen, und am 26. Mai 1784 macht er ihr den Vorschlag: »Gegen Abend dächte ich besuchten wir das Prinzgen in Belvedere und führen über Oberweimar wo wir beym alten Docktor absteigen könnten um sein Wetterbeobachtungs Musäum zu besehn.«

So wirft die große Liebe zwischen Goethe und Frau von Stein Abglanz auch auf Belvedere, — wie es zwischen 1776 und dem bösen Jahre 1789, das den Bruch bringt, ja überhaupt keinen Ort gibt, der nicht durch irgendwelchen Gedankenaustausch in Beziehung zu dieser Frau steht. Es ist ein schwacher Widerschein nur, und die heiße Inbrunst, die andere Briefe fast versengt, fehlt hier. Dafür entschädigt eine süße, selbstverständliche Innigkeit: »Ich liebe Belvedere wo ich dich heute sehn werde ...« zarter kann niemand Liebe eingestehen!

Um so tragischer ist es, daß Zufall ihn, nach Jahr und Tag, gerade hier jenen bitteren Brief an die Geliebte, fast ihm schon Entschwundene schreiben läßt, der halb Entschuldigung, halb Anklage ist. Und der das mürbe und brüchig gewordene Band ganz zerreißt. Das kleine G. und das Datum »Belveder d. 1. Juni 1789« stehn unter diesem Briefe wie ein Todesurteil.

Noch einmal klingt später, fast ein Menschenalter später, als die heißen Herzen längst kühl und müde geworden, aller Groll schlafen gegangen, beide sich in behaglicher Altersfreundschaft wieder zueinander gefunden, flüchtig in einem Brief Charlottens der Name Belvedere auf. »Mögen Ihnen, mein guter Geheimerath,« schreibt sie am 27. Februar 1816 an Goethe, als dieser zur Stiftung des Falkenordens nach Belvedere fahren muß, »die rauhen Lüfte nicht schaden, die mich unlieblich gestern in Belvedere angeweht haben. Ihre Sie verehrende Freundin von Stein.«

Ein Nichts, eine Bagatelle. Aber ob sie nicht beide da doch der Zeiten gedacht haben, wo sie gemeinsam nach Belvedere zur Cour gefahren, gemeinsam an der Tafel gesessen, gemeinsam durch den abendlichen Park geschlendert? Nicht auch des Briefs vielleicht, der das alles dann zerstört und der aus Belvedere datiert war?

Wer will es wissen? Es hat keiner von ihnen darüber gesprochen …

Ein Schritt knarrt über den Kies, ein Schlüsselbund klirrt: der Kastellan. Noch immer spielen über dem Brunnenbecken die dunklen Falter. Der alte Mann sieht sie auch. Er nickt. »Ja, früher sprang hier die Fontäne!« meint er. »Aber diesmal haben wir noch keine Order bekommen. Von wem auch?« Und er seufzt: »Der Gärtner wollte auch schon die Orangen und die Palmen 'rausbringen. Aber die neuen Herren da unten wollten es nicht. Man wüßte doch noch nicht, was überhaupt mit Belvedere würde. Ja.« Und während er die Gittertüre aufschließt, die das niedrige Portal schützt: »Sonst sah's hier oben schon so hübsch aus. Aber jetzt ist alles tot!«

Ist alles tot …

Das Wort begleitet. Dämmerige Luft schlägt kühl dem Eintretenden entgegen — die Luft, die Truhen atmen, die lange nicht geöffnet wurden, halb Staub und halb Lavendel.

Da die Eingangshalle! Auf den blauweißen Kachelwänden tanzen verlorene Sonnenkringel. In zwei Armen schwingt sich die Treppe, von japanischen Vasen flankiert, schön zum ersten Stock; auf halber Höhe springt aus der Treppenwand, wie eine Theaterloge, ein zierlicher Balkon … Hat Goethe die Halle so gesehen? Kaum. Mit den Delfter Kacheln ließ erst die Gattin Carl Alexanders, die spätere Großherzogin Sophie, die niederländische Prinzessin war, Wand und Treppe auslegen, und auch das silberne Geländer, die Vasen, die Leuchter, die Bilder stammen erst aus jüngerer Zeit. Ganze Geschlechter haben hier ja ihren wechselnden Geschmack, ihre Moden, ihre persönlichen Liebhabereien hineingetragen, und an die Tage, da in Belvedere Carl August und Louise Hof hielten, erinnert nicht mehr allzuviel. Nur die Allegorien Ösers haben schon damals von der Decke des mächtigen Speisesaals herabgeschaut, im roten Wartezimmer sich die Hofdamen an den blassen Reliefgemälden Reyers erfreut, in kalten Frühherbsttagen die Fayencekamine die Fröstelnden um ihre Glut versammelt. Und hier und da erzählen auch noch verschlissene Gobelins, verblaßte Tapeten, erblindete Spiegel von dieser Zeit.

Und wie man so durch die stillen Zimmer wandert, geben die, die einstmals hier gewohnt, schattenhaftes Geleit. Die alten Namen klingen, der Kastellan, in langem Hofdienst ergraut, zählt sie mit feierlicher Stimme auf. Ein ganzes totes Jahrhundert bedrängt die Seele. Ringsum häuft auf Konsolen, Tischchen, Etageren, Säulen sich das Vielerlei von Andenken, Bildern und Nippsachen, das ihnen einst ihr Leben liebgemacht, das bric à brac verwöhnter Menschen; von den Wänden lächeln in goldenen Rahmen sie selbst und die, die ihrem Herzen nahestanden, und aus alten Kupfern und Aquarellen steigt der Duft der Landschaften und Städte, die ihnen auf Reisen Glück und Erlebnis gewesen ... Leben, das längst Staub und Legende, erhält für Augenblicke wieder Blut und Atem.

Da ist der Teesalon Carl Augusts, vom Treppenhaus durch Spiegelscheiben getrennt, in die Pflanzenornamente eingeätzt sind. Der ganze Raum, in mattem Blau und Silbergrau gehalten, reines Rokoko: Regentschaftsstil. Filigran überrankt Spiegel und Wände, an der Decke flattern, von Öser gemalt, phantastische Vögel um zierliche Volieren. Die drei Fenster rahmen das ferne Weimar. Die »Kaiserzimmer« dann erinnern an die Kaiserin Augusta, Carl Friedrichs und Maria Paulownas eine Tochter, die hier oft geweilt; ein weißes Schlafzimmer, das ganz modern anmutet, hat 1898 die junge holländische Königin, eine Nichte der Großherzogin Sophie, später die frühgestorbene Erbgroßherzogin Pauline, die erste Gattin Wilhelm Ernsts, bewohnt. Seit 1904 steht es verwaist ... ein süßer, heimlicher Traum. Finsterer Prunk dagegen füllt das Sterbezimmer Maria Paulownas, den westlichen Kuppelsaal. Aus den Mittelfenstern blickt man in den »Russische Garten«. Das riesige goldene Bett steht wie ein Katafalk unter der hohen Kuppel — die Liegende sah in den Himmel: gemalte Wolken verhüllen das Gewölbe. An dem einen Fenster ein Stehspiegel aus türkisblauem Porzellan, in der Nische ein pompöser Lapislazuli-Schreibtisch, alles schwer und wuchtig, der Geschmack eines Landes, dessen immer noch barbarische Instinkte in wilder Pracht Entfaltung suchen. Ein halbvollendetes Nähkästchen, zierliche Handarbeit, erzählt von den letzten Stunden der Großfürstin.

Sie ist es auch gewesen, die über das ganze Schloß die unzähligen Bilder und Andenken aus Rußland verstreut hat. Sie hat Belvedere sehr geliebt. Es ist ihr eigentliches Heim gewesen. 1824 hat ihr der alte Goethe, der der Fremden ganz ergeben war, ein Bildchen geschickt: »Schloß Belvedere in der Abendsonne«, er hat darunter geschrieben:

> »Erleuchtet außen hehr vom Sonnengold,
> Bewohnt im Innern traulich, froh und hold.
> Erzeige sich Dein ganzes Leben so:
> Nach außen herrlich, innen hold und froh.«

Und eine entzückende Tuschzeichnung von Diez, aus dem Jahre 1850, die in einem der kleineren Salons hängt und sie als reife Frau darstellt, zeigt als reizende Staffage im Hintergrunde ebenfalls den Lieblingsaufenthalt: in den Park gebettet Schloß Belvedere.

Ein paar Räume weiter das »Aquarellzimmer«, einst der Musiksalon der Herzogin Johann Albrecht. Die Bilder, die es schmücken, schenkten den Namen. Es atmet französische Eleganz, die leichte Eleganz der siebziger Jahre. Alabasterlampen, Bronzen, japanische Wandschirme,

Schildpatt- und Cloisonné-Arbeiten geben ein Interieur der Zeit, wie wir es auf frühen Bildern Albert von Kellers sehen. Ganz noch die Welt des Rokoko dagegen der Speisesaal im Mittelbau der Parkfront, ein königlicher Raum. Köstlich ist die weiße Stuckdecke mit dem Öserschen Olymp, köstlich die Marmorkamine mit den riesigen Spiegeln darüber, in denen der wundervolle venezianische Lüster vielfältig glitzert, köstlich das schimmernde Parkett. Jetzt wohnt hier die Einsamkeit. Die gelbseidenen Polsterstühle um die Tafel herum schützen graue Bezüge, Zwielicht schattet um die dunkelroten Säulen, und leise fällt der Staub und deckt das alles zu. Nur noch ein vager Duft, ein Duft von welken Blumen und von Kerzen, die lange nicht gebrannt, mahnt an verschollener Tage Glanz und Geigenklang.

Und so das Übrige, Zimmer an Zimmer. Einmal bannen ein paar dunkle Gemälde, die hellblaue Tapete, auf der sie hängen, gibt den Gestalten seltsames Leben. Das eine die Kinder Carl Augusts: der Erbprinz Carl Friedrich, die Prinzessin Caroline und der kleine Prinz Bernhard, gemalt von Tischbein. Holdes Kinderlächeln verklärt die höfische Grandezza, die Augen verschleiert leise Müdigkeit. Das andere Maria Feodorowna, die Kaiserin, die Mutter der Maria Paulowna, strahlend von Schönheit und Brillanten, ein Meisterwerk des jüngeren Lampi. Und daneben, blasser, von unberühmter Hand, Carl Friedrich und die Maria Paulowna. Erinnerung schmückt die toten Bilder mit Flor und Immortellenkranz ...

Ganz Erinnerung auch das »Japanische Zimmer«, das einen Teil der Schätze birgt, die Prinz Bernhard, der holländischer General war, von seinen Weltreisen mit heim in das enge Belvedere gebracht hat. Die dunkelblaue Tapete, schwere gestickte Seide, flammt in verhaltener Glut, in den schwarzen Schränken gleißt das Perlmutt und Elfenbein, um die Bronzen, die Vasen, die Lackarbeiten schwingt der Zauber ferner Abenteuer. Man denkt an holländische

Schlösser, wo ganze Säle voll von diesen Dingen sind ...

Das Carl Alexander-Zimmer, den östlichen Kuppelsaal, überwölbt wieder ein wolkiger Himmel. Er blickt, im Lauf der Jahre grau geworden, auf totes Mobiliar herab, das hier wahllos beiseite gestellt ist, hochbeinige Sekretäre und wuchtige Kommoden, gesprungene Spiegel und verstaubte Bilder. Die Miniaturen, die ein großer Wandschirm trug, hat der letzte Großherzog kurz vor dem Sturze sich an einem trüben Novembertage noch geholt; jetzt sieht man auf der ausgefahlten Seide nur noch die Stellen, wo sie hingen, — kleine dunkelrote Rechtecke und Ovale, die von einer wehen, herben Stunde erzählen! Und die Begassche Büste der Kaiserin Augusta, die hier verloren steht, mag den Flüchtenden bitter an den einstigen Glanz des Hauses gemahnt haben, das so ruhmlos enden mußte.

Bleibt noch das »Lämmerzimmer«, ein Salon der Großherzogin Sophie, der den Lämmern in den verblaßten, seidengewirkten Tapeten aus der Zeit Anna Amalias den wunderlichen Namen dankt. Sessel stehen behaglich um einen runden Tisch, auf einem Eckschrank leuchtet, zwischen alten Photographien, erlesenes Porzellan, der Meißener Kronleuchter prunkt in tausend Farben ... die, die hier oft in stiller Abendstunde gesessen, könnte wieder eintreten, sie würde alles finden, wie sie es verlassen, alles. Aber sie tritt nicht ein, und nie wieder wird hier Tee getrunken werden.

»Und Goethe?« Jawohl. Aus dem Hellen geht's ins Dunkle. Eine enge Treppe schraubt zwischen dumpfem Mauerwerk sich langsam in die Höhe. Die morschen Stufen, so lange nicht betreten, knarren. Einmal streicht die Hand unwillig ein Spinnennetz hinweg, das häßlich-kühl um Stirn und Kopf sich legte ... bis man dann plötzlich in der hellen Sonne steht, oben auf dem Dachaufsatz, aus dem, achteckig, der fensterreiche Turm emporsteigt, ein Gartenpavillon in luftiger Höh'. Der Blick reicht weit ins Land von hier aus, in grünen Wellen breiten sich ringsum des alten Ernst August Jagdgründe. Sein Porträt, von unbeholfener Hand gemalt, schmückt auch die Mitte der Decke, und um ihn herum paradieren, reichlich dekolletiert, seine acht Geliebten. Regen und Nässe haben hier und da die Gesichter zerfressen, die Farbe ist abgeblättert, und über die Wände kriecht häßlich der Schwamm und löst die alten Delfter Kacheln aus dem Mörtel.

Hier haben Goethe und Carl August in den ersten Jahren, als noch die wilde Jugend des Herzogs überströmend nicht Ziel, nicht Grenze kannte, oft in ausgelassener Gesellschaft gezecht ... sie wollten, aus guten Gründen, keine Zuschauer dabei, und das »Tischlein deck dich«, ein Speisenaufzug, der immer neu besetzte Platten aus der Tiefe hob und jegliche Bedienung überflüssig machte, stammt aus jener Zeit. Das mag lustig genug gewesen sein, wenn so die

Wildschweinsköpfe, die Fasanen, die Rehrücken und die Torten hier wie durch Zauberhand vor den Tafelnden erschienen. Und das Singen und das Lachen und der Lichterschein mögen das Getier, das nachts um solche Türme flattert, die Dohlen und die Fledermäuse, recht verdrossen haben. Drang es doch gar bis Weimar, und die ehrsamen Bürger haben genug darüber spektakelt ...

Carl Alexander, der Enkel, hat dieses »Tischlein deck dich« dann auch ein paarmal benutzt, allerdings in etwas soliderer Runde. Zum letztenmal 1896, kurz bevor er nach Moskau zur Kaiserkrönung fuhr. Der Kastellan, der jetzt das Schloß betreut, hat damals mit in dem unter dem Turm gelegenen Anrichteraum die Speisen und die Weinflaschen in die Höhe gedreht. Ein Blick in diesen Raum zeigt jetzt wüstes Durcheinander. Die Flaschenzüge sind mürbe geworden, im Holze tickt der Wurm, die Spinnen haben alles mit grauen Schleiern überhäkelt. Und die Mäuse, die hier nachts von Schlupfwinkel zu Schlupfwinkel huschen, sind das einzige Leben, das in dieser Öde sich noch regt.

»Und wo hat Goethe gewohnt?« fragt man, schon wieder in der Vorhalle und Hut und Stock in der Hand ... denn 1789 zum Beispiel, damals, als er an Charlotte die schweren Abschiedsbriefe schrieb, ist er mit dem kleinen Erbprinzen sogar acht Tage lang in Belvedere gewesen. »Etwa in den Kavalierhäusern?«

Der Kastellan stößt rechter Hand die Tür auf: »Angeblich hat er hier gewohnt!«

Zwei Zimmer. Die Decke des ersten wieder von Öser, diesmal die vier Jahreszeiten. An der Wand einsam eine italienische Landschaft. Ein dünnes Tischchen Gegenstück zu einem anderen in Tiefurt. Das zweite, das Schlafkabinett, merkwürdig durch zwei Spiegel in der Fensternische, die so gestellt sind, daß sie den Betrachter unendlich vervielfältigen. Und das ist alles. Aber wenn man daran denkt, daß Goethe in diesen Räumen wahrscheinlich jenen Brief an Frau von Stein geschrieben hat, der Bande zerriß, die für ein Leben geknüpft erschienen, kann man sich eines leichten Schauers nicht erwehren, fühlt man Goethe-Atem auch hier und sucht nach irgend etwas, was die Erinnerung davontragen könnte.

Aber es bleibt nur der Blick durch die Fenster, und auf Busch und Baum des Parks hat wohl auch damals sein Auge geruht, das Trost suchte und doch nicht fand.

So geht man denn auf leisen Wegen in den Park, der weit und ruhig das Schloß umgibt. Die Sonne ist im Sinken. Schon liegt die Gartenfront in blassen Schatten, auf dem Dach sitzen die Amseln und singen ihr Abendgebet. Ihr Lied ist der einzige Laut, der die unendliche Stille belebt.

Es sind Wege Goethes, die man geht. Wie die Anlagen an der Ilm und die Allee, die von Weimar hierher führt, ist der Park von Belvedere sein Werk, — wenn ihm auch der alte Herzog Ernst August mit seinen barocken Wunderlichkeiten und Anna Amalia, die sie wieder tilgte, vorgearbeitet haben ... sein und Karl Augusts Werk. Die leidenschaftliche Hingabe an die freie, unverstellte Natur, das »Erdgefühl«, das damals unter Goethes Einfluß den ganzen Weimarer Hof beherrschte, vertrug die Schnörkelwege nicht mehr, die die steife Mode der Vergangenheit in den alten Wald geschnitten hatten. Der Park von Wörlitz wird Vorbild, dem nahezukommen der Fürst und sein Minister sich bemühen; ging doch die allgemeine Neigung jetzt auf derartige »ästhetische Parkanlagen« aus.

Die Äußerungen Goethes darüber aus jungen Jahren sind spärlich. Ein paar belanglose Briefstellen, ein paar Tagebuchnotizen — mehr ist nicht zu finden. Später, in den achtziger Jahren, schreibt er wohl einmal an Frau von Stein, daß er nach Belvedere gehen und seine »botanischen Augen und Sinne weiden« wollte; oder daß er dort mit dem Gärtner »allerley botanica zu tracktieren« habe. Erst der alte Goethe wird mitteilsamer. In seiner umständlichen Art erzählt er 1822 in einem »Schema zu einem Aufsatze, die Pflanzenkultur im Großherzogtum Weimar darzustellen«, wie im Anschluß an die Arbeiten an der Ilm die Verschönerung des Parks von Belvedere in Angriff genommen und durchgeführt worden ist. Dabei werden auch die Beamten genannt, die sich um Belvedere verdient gemacht haben, so der Hofgärtner Reichert und der Garteninspektor Sckell, auch der Legationsrat Bertuch aus Weimar, der sechzehn Jahre hindurch die Verwaltung geführt hat, wird lobend erwähnt. Vor allem aber war man bemüht, als Ausbau der Orangerie einen botanischen Garten von wissenschaftlichem Wert zu schaffen, und »die eifrige Vermehrung bedeutender Pflanzen neben den immerfort ankommenden Fremdlingen macht«, wie der Greis in jenen späten Aufzeichnungen erzählt »die Erweiterung in Belvedere, sowohl auf dem Berg als in dem Tal gegen Mittag gelegen, höchst nöthig. In der letzten Region werden Erdhäuser nach Erfindung Serenissimi angebracht, in der letzten Zeit ein Palmenhaus erbaut von überraschender Wirkung«.

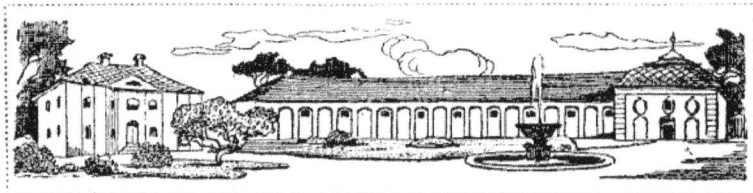

Und noch einmal kommt er, 1830, auf diese Parkarbeiten zurück, als er, damit beschäftigt, aus Erinnerung und Tagebuch die Chronik seines Lebens in »Tag- und Jahresheften« zusammenzustellen, das »Louisenfest« beschreibt. Am 9. Juli hatte die Herzogin Louise Geburtstag. 1778 feiert ihn der weimarische Hof in einem Gartenfest, und der Greis, außer Knebel der einzige noch Lebende von allen denen, die es mitgemacht, nennt es »auch für uns noch merkwürdig, als von dieser Epoche sich die sämtlichen Anlagen auf dem linken Ufer der Ilm, wie sie auch heißen mögen, datiren und herschreiben«.

Die Welt, die sich vor einem auftut, wenn man die schönen Gittertore der Orangerie durchschreitet, ist noch in allem die Goethes. Die Menschen aus »Wilhelm Meister« haben hier ihr Klima. Die ganze Anlage, die ja in der Hauptsache noch von Ernst August stammt, ist bestes Rokoko. In mächtigem Halbrund säumen die Gewächshäuser den Garten, der, groß und leer, auf die Oleander- und Orangenkübel wartet; wo die Flügel zusammenstoßen, liegt, gleichzeitig Endpunkt der Allee, das schloßartige Haus des Gärtners mit seiner gelben, leicht eingebuchteten Front.

Und es ist wirklich fast alles noch wie einst. Noch immer werden die Gewächshäuser durch Steinkanäle erwärmt, die mit Holz gefeuert werden, die Arbeiter richten sich nach Goethes Sonnenuhr. Es ist ein eigentümliches Gefühl, vor denselben Myrten, Zypressen und Palmen zu stehen, die schon Goethe und Carl August bewundert haben. Auch hier haben die Nachfahren manches nach der Mode ihrer Zeit verändert, Grotten im Geschmack der fünfziger Jahre eingebaut und kleine Bassins mit Goldfischen, das »Erdhaus« zum Wintergarten umgestaltet. Ein heimlicher Platz unter blühenden Zimmerlinden erinnert durch eine Bank an Maria Paulowna, und es berührt seltsam, sich zu denken, daß in dieser bescheidenen Umgebung die verwöhnte Großfürstin mit ihren Kindern glücklich gewesen ist ...

Ein kleiner Teesalon aus roten Ziegeln schließt das Ganze nach Süden ab. Der Belvederehügel fällt hier steil zu Tal, man sieht weit ins Land, die nahe Landstraße bot Abwechslung und Zerstreuung. Es ist der »chinesische Tempel«, der einst im Garten des Wittumspalais auf der Stadtmauer gestanden hat. Jetzt füllt Gerümpel ihn, die seidenen Vorhänge sind zerfetzt, Bohnenstangen und Holzjalousien verdecken die zarten Chinoiserien Ösers, und von der Decke fällt der Putz ...

Wie lange mag es her sein, daß hier an stillen Sommerabenden der Hof den Tee genommen, lustige

Hofdamen mit den bezopften Herrschaften an der Wand gescherzt, Carl August mit der schönen Caroline Jagemann gesessen, und die Pagen servierten Eis und französischen Champagner?

Es war einmal. Böse schwelt jetzt hier häßlicher Verfallsgeruch, und die Öserschen Gestalten blicken in eine Welt, die diese leichten Spiele der Seele nicht mehr versteht. Eine andere Zeit ist angebrochen.

Und noch ein letzter Blick in den »Russischen Garten« am anderen Ende des Parks ... es ist der Garten, in dem Maria Paulownas Kinder ihre Bäume, ihre Beete, ihre stillen Plätze hatten; aus den Fenstern ihres Schlafzimmers konnte sie dem Spiel der Prinzessinnen zusehen, und von ihr mag dieser Teil des Parks dann wohl den Namen erhalten haben, unter dem er jetzt als besondere Sehenswürdigkeit gezeigt wird. Aber an sich stammt auch er aus der Zeit Carl Augusts.

Schon hängen die Abendschatten in den Baumkulissen der Naturbühne. Wie auf den Höhen Ettersburgs und in Tiefurts Tal wurde auch hier oft »unter dem Gewölb der hohen Nacht« Theater gespielt, und in die Verse Goethes klang das Liebesflüstern der Vögel, das Rauschen des Windes. Vorbei! Aus diesen Hecken tritt keine Iphigenie mehr, auf den Rasenbänken davor werden keine Zuschauer mehr Platz nehmen. Das Grab Corona Schröters in Ilmenau deckt schwer der Stein, und die hier einst voll froher Lust sich in geträumten Leben ein Abbild des wirklichen erschufen, im schmerzlichsüßen Klang von Geige, Waldhorn und Fagott die Seele wiegten, sie liegen alle still und stumm in ihren Särgen in der Fürstengruft in Weimar — Väter, Söhne und Enkel.

Noch einmal naht Vergangenheit, wenn man am Marstall

vorbei zu dem alten Gasthof schlendert ... die Straße seltsam
ein Bild aus dem 18. Jahrhundert, der Garten, von Flieder
und Jasmin ganz eingesponnen, noch immer genau so wie
damals als hier Christiane mit den »Lustigen aus Weimar«
gesessen, zu Pfingsten und wenn die Rosen blühten und
auch im Herbst, wenn die Kastanien schon Rauschgold auf
alle Wege streuten.

Als 1816 Goethes langjähriger Kutscher, der treue
Dienemann, der ihn so oft nach Karlsbad gefahren, heiratet,
verschafft Christiane ihm durch Fürsprache die Pacht des
Schloßgasthofs. Ihr Tagebuch meldet am 8. April:
»Dienemann und seine Frau ziehen ab. Ihr
Wirtschaftsgeräte nach Belvedere. Die neue Köchin tritt an.«

Sie hat gewiß gedacht, dem vertrauten Mann hier oben
noch oft zu froher Stunde zu begegnen. Aber wenige
Wochen später ist sie schon tot, und Goethe gesteht
schmerzlich, daß der ganze Gewinn seines Lebens sei, ihren
Verlust zu beweinen.

Ist er noch oft in Belvedere gewesen? Gewiß. Doch
sicherlich nie, ohne an die zu denken, die hier so gerne
geweilt. Als die Schauspielerin Ernestine Durand, einst als
Demoiselle Engels die Freundin der Toten, den Greis im
Jahre 1826 bittet, ihr ein paar Worte ins Stammbuch zu
schreiben, steigen die Tage von Belvedere wieder vor ihm
auf, und wie ein leises Echo verwehter Freuden entklingen
ihm die schwingenden Verse:

»Donnerstag nach Belvedere!«
Und so gings die Woche fort;
Denn das war der Frauen Lehre:
Lustige Leute, lustiger Ort!
Üben wir auf unsern Zügen
Auch nicht mehr dergleichen Schwung,
Stiftet inniges Vergnügen
Heitern Glücks Erinnerung.

Advent von Achtzehnhundertsieben

In memoriam Minchen Herzlieb

... Und war es nur ein Schein, —
Sie lag in meinen Armen.
War sie drum weniger mein?

Goethe

Jena im November. Um den »Hanfried«, Johann Friedrichs des Großmütigen ehrwürdiges Denkmal mit dem altmodischen Eisengitter, raschelt das letzte welke Laub — freigebig verstreuen es die Bäume des Marktes, und nicht lange mehr, so stehen sie kahl, und allein die grauen, verwitterten Häuserrahmen dann den weiten Platz.

Früh kommt die Dämmerung. Sie kriecht von den Bergen her durch die engen, winkligen Gassen der Stadt, umschattet die Türme, hängt feuchte Schleier um Giebel und Dächer und hockt sich in die Tür- und Fensternischen. Sie kommt auch zu dem Fremdling, der bei Göhre sitzt und auf den Markt herabschaut, vom schweren roten Wein ein wenig müde. Setzt sich zu ihm in das dunkle Fenster und erzählt von der Vergangenheit. Die zu suchen, ist hier der Fremdling von Weimar, der gnadenreichen Stadt, herübergefahren, und blasse Mittagssonne hat auf stiller Wanderung alle Wunder des »lieben närrischen Nestes« enthüllt. Nun, da der Abend nahe, lockt die schattenhafte Stadt zu neuer Wanderung. Vielleicht, so raunt die dunkle

143

Stunde, daß sich ein Wunder begibt und, was die langen Jahre friedlich in Gräbern und in Grüften ruht, für kurze Zeit lebendig wird und wandelt ... vielleicht, daß die Legende einmal aufersteht, die diese Stadt und diese Straßen verklärt!

Dunkel die Häuser, dunkel der Weg. Laternenlicht huscht über schwarze Mauern. Merkwürdig stehen, wo sich die Gassen kreuzen, die Giebel gegen den blassen Himmel — Kulissen zu Szenen und Geschichten, wie sie der Geist zuweilen in Nächten ohne Schlaf aufbaut und die im Hirn der Dichter als Träume leben. Einmal steht man auf hochgewölbter Brücke und blickt versonnen auf eines Flusses ruhevolles Gleiten, Baumwipfel spiegeln sich, ein helles Fenster. Dann wieder Gassen hin und her, Parkanlagen, aus denen herber Duft steigt, in schwarzem Rasen leuchtend eine weiße Herme, hinter schwarzen Bäumen hell der Sandsteinbau der Universität.

Hier stand einst das Schloß. Goethe hat oft darin gewohnt, in Knebels »alter Stube«, in der er sich immer so wohl gefühlt hat. Es muß ein düsterer, winkelreicher Bau aus Urvätertagen gewesen sein, dies alte Schloß, halb verfallen schon zu Goethes Zeiten. Daß es abgerissen wurde, ist trotzdem ein Unrecht, die Tat einer pietätlosen Zeit, der Erinnerungen Schall und Rauch. Ein Bürger Jenas hat damals den Torbogen gerettet, durch den Goethe und Schiller und auch Carl August so oft geschritten sind, und hat ihn in die Mauer seines Gartens einfügen lassen, weit draußen vor den Toren der Stadt, im Mühltal. Auch in dem Winter auf 1808 hat Goethe hier gewohnt, jenem Winter, in dem das Herz des fast Sechzigjährigen sich in jäher Liebe Minchen Herzlieb zuwandte, der schönen Pflegetochter des Buchhändlers Frommann, und wenn Goethe da nachmittags oder abends zu Frommanns ging, so hatte er keinen Weg zu machen: sie wohnten nur ein paar Schritte ab, gleich schräg gegenüber.

Nur ein paar Schritte ab, gleich schräg gegenüber ... das schlichte Haus steht noch da, niedrige Mauer trennt es von der Straße, an die es nur mit dem einen Flügel heranreicht, der andere, mit jenem durch einen fensterreichen Mittelbau verbunden, endet in einem Gärtchen. Der frühe Abend, nun schon ganz zu Dunkelheit geworden, läßt nur Umrisse erkennen, doch über Dach und First fliegt ab und zu ein blasser Glanz, wenn der Mond für Augenblicke aus den eilig wandernden Wolken hervortritt: Theater, das Beschwörung haucht. Und irgendwo rauscht Wind, irgendwo schlägt eine Uhr, langsam und bedächtig, der Fremdling zählt die Schläge ... fünf, sechs, sieben. Stille. Sieben Uhr! Da gleitet ein Schatten vorüber, eine große Gestalt, »im weiten Mantel bis ans Kinn verhüllt«, auf dem Kopfe einen niedrigen Zylinder. Traum! Denn dies, das Herz setzt aus und klopft dann wilden Takt, ist Goethe! Auferstanden von den Toten ... also hat sich der Zeiger der Weltuhr gedreht, hat sich das Wunder begeben, sind hundert Jahre ein Nichts geworden?

Gleichviel ... auf fliegt der eine Torflügel, wie von Geisterhand berührt, Schritte hallen über den Hof, ein Klopfen zerreißt die abendliche Stille, Fenster werden hell, eine Türe tut sich auf, und im warmen Lampenschein steht eine Mädchengestalt, rührend, lichtumflossen, Gretchen in der Mode von 1800, ein Häubchen deckt das dunkle Haar. Dem Lauscher vor dem finsteren Tor wird heiß … »Guten Abend, Exzellenz!« Willkommenssingsang, lieblichster, aus Mädchenmund. Und die dunkle Gestalt im Mantel breitet froh die Arme: »Lieb Kind! Mein artig Herz!«

Und die Türe fällt zu, die Fenster werden wieder dunkel, schweigend liegt das Haus. Goethe und Minchen Herzlieb! Der Fremdling schauert. Wind fährt die Straße herauf, feuchter Wind von den Saalewiesen, der frösteln macht, Ziegeln klappern, an der Mauer scheuern sich ächzend Zweige.

War's Spuk?

Ein Traum erregter Sinne? Vision aus Büchern?

Gassen, nun schon schwarze Nacht, führen wieder zum Markt, zu Göhre … mit dem putzigen kleinen Zigarrenladen, mit der Wendeltreppe, mit den alten Stuben und den alten Sofas: Raabe-Klima. Das läßt gut weiterträumen.

Jena im November. Tage der Versunkenheit. Der spürenden Erinnerung erschließt sich die Vergangenheit, und der Jenaer »Advent von Achtzehnhundertsieben«, der sich in Goethes Brust nach eigener Konfession mit Flammenschrift eingeschrieben, ersteht aufs neue.

Wie war das doch mit Minchen Herzlieb?

Am 13. Dezember 1812 empfiehlt Zelter Goethe in einem Briefe einen Berliner Gymnasialprofessor namens Pfund, der nach Weimar kommen werde. Goethe antwortet am 15. Januar 1813 dem Freunde: »Herrn Pfund habe ich gern und freundlich, obwohl nur kurze Zeit gesehen. Er empfahl sich mir besonders durch seine Anhänglichkeit an Dich. Seine

Braut fing ich an als Kind von acht Jahren zu lieben und in ihrem sechzehnten Jahr liebte ich sie mehr als billig. Du kannst ihr auch deshalb etwas freundlicher sein, wenn sie zu Euch kommt.«

Diese Braut, von der Goethe spricht, war Minchen Herzlieb. Er lernte sie tatsächlich schon früh kennen, wenn auch nicht als Kind von acht, so doch von neun Jahren. Sie war eine Pflegetochter des Buchhändlers Friedrich Ernst Frommann in Jena, in dessen Haus Goethe seit 1798, wo dieser kluge und tiefgebildete Mann von Züllichau nach Jena übergesiedelt war, viel und freundschaftlich verkehrte. Denn er fand dort fast das ganze geistige Jena jener Zeit, und es ist nicht allein Frommann selbst gewesen, der sein Haus zu diesem Sammelpunkt von Dichtung und Wissenschaft zu machen verstand, sondern vor allem wohl auch seine Frau, die mit aller bürgerlichen Bescheidenheit Grazie und Anmut und geistige und künstlerische Interessen zu verbinden wußte. Ihr Sohn, der später die Frommannsche Buchhandlung übernahm und im Geiste des toten Vaters weiterführte, hat ihr 1870 in seinem kleinen Buche »Das Frommannsche Haus und seine Freunde« ein rührendes Denkmal gesetzt, und auch Goethe hat immer viel von dieser seltenen und noch im Alter anmutigen Frau gehalten — seine zahlreichen Briefe an die »teure Freundin«, seine besorgten Anfragen nach ihrem Wohlergehen, seine häufigen Besuche, seine wiederholten Einladungen nach Weimar bezeugen das.

In diesem gastfreien und lebendigen Hause nun wuchs Minchen Herzlieb auf, eine Waise, die Tochter eines Pfarrers aus Züllichau, wo sie am 22. Mai 1785 geboren worden war. Sie war neun Jahre alt, als die Pflegeeltern nach Jena kamen, ein hübsches, zutrauliches Kind, das neben den Stiefgeschwistern still und ruhig dahinlebte und Goethe, der für hübsche Kinder immer eine Vorliebe hatte, wohl gefallen haben mag. Für ein Mehr an Gefühl allerdings fehlt aus diesen frühen Jahren jeder Beleg. Auch seine spätere Äußerung zu Zelter ist wohl kaum so zu deuten, scheint vielmehr ein wenig scherzhaft gemeint, wenn auch von einem leisen Klang der Wehmut durchzittert, daß er die, die er nachher »mehr als billig« geliebt, so rasch verlieren mußte … Daß sie ihm, unbewußt, schon als kleines Mädchen mehr gewesen ist als bloß das hübsche Pflegekind der Freunde, ist ihm erst klar geworden, als die Liebe zu dem reizvoll aufgeblühten Wesen die Erinnerung auch an das Einst verklärte, — wie der gereifte Mann ja oft schon das Kind geliebt zu haben glaubt, das seinem Herzen später als Frau teuer ist. In einem der Sonette, die er später in »Raserei der Liebe« an sie gerichtet, hat er diese nachträglichen Empfindungen reizvoll umschrieben:

Als kleines art'ges Kind nach Feld und Auen
Sprangst du mit mir, so manchen
   Frühlingsmorgen.
»Für solch ein Töchterchen, mit holden Sorgen,
Möcht' ich als Vater segnend Häuser bauen!«

Und als du anfingst, in die Welt zu schauen,
War deine Freude häusliches Besorgen.
»Solch eine Schwester! und ich wär geborgen:
Wie könnt' ich ihr, ach! wie sie mir vertrauen!«

Doch das heißt der Zeit vorgreifen! Jahr und Tag gingen zunächst hin, ohne daß Goethe das holde Wunder, das sich da in dem Haus am Fürstengraben entfaltete, mit den Augen des Mannes, des Liebhabers gesehen hätte. Das entdeckte als erster ein junger livländischer Edelmann, der in Jena studierte und bei Frommanns verkehrte, ein Herr von Manteuffel. Minchen war damals noch nicht vierzehn Jahre, und nach der Schilderung, die der Stiefbruder in seinem Buche gibt, muß sie entzückend gewesen sein, schon ganz das schöne Geschöpf, das wenige Jahre später dem sechzigjährigen Goethe Pandora, die milde Göttin, und die Ottilie der »Wahlverwandtschaften« wurde: »So gesund sie

149

von Jugend auf war, entwickelte sie sich doch geistig nur langsam und behielt ihr Leben lang etwas Träumerisches. Eine regelmäßig schöne Gesichtsbildung hatte sie zwar nicht, aber ihr reiches schwarzes Haar und ihre großen braunen Augen mit dem unbefangenen freundlichen Ausdruck, der auch um ihren Mund spielte, ließen nicht an das denken, was etwa fehlen mochte, zumal alles in Harmonie war mit dem Ebenmaß ihrer schlanken Gestalt und der Anmut jeder ihrer Bewegungen, beseelt durch allgemeines Wohlwollen, bescheidenes, hingebendes, auf alle Bedürfnisse und nicht ausgesprochenen Wünsche der anderen aufmerksames Wesen. So war es natürlich, daß sie auf alle, die ihr, wenn auch nur in gewisser Entfernung, nahten, einen unwiderstehlichen Zauber übte, der sich auch noch in späten Jahren alle Herzen gewann.«

So auch ein Bild von ihr aus diesen Jahren, ein Miniaturporträt von der Hand Johanna Frommanns, die als Mutter vielleicht mit den Augen der Liebe gesehen, aber aus dem gleichen Grunde sicherlich den geistigen Ausdruck des geliebten Kindes besser getroffen hat als mancher Berufskünstler. Das ist schon die Ottilie Goethes, die in der Pension in ihrer rührenden, ein wenig dumpfen Einfalt und Bescheidenheit das Herz des »Gehülfen« rührt, später, auf Eduards Schloß, diesen in ihren Bann zieht ... die dunklen, unschuldsvollen Augen sind leicht verschleiert, mädchenhafter Liebreiz liegt um Wange und Mund, das lockige Haar rahmt eigenwillig das zarte Antlitz. Minchen hat dies Bild einer Freundin geschenkt, Christiane Selig, als diese im Sommer 1806 Jena verließ und nach Lüneburg zog. Christiane Selig, die dort dann bald heiratete, war auch das einzige Wesen, dem gegenüber Minchen etwas mehr aus sich herausging, war die Vertraute, vor der sie, im übrigen von einer fast krankhaften Verschlossenheit und Mitteilungsscheu, keine Geheimnisse hatte. Mit ihr allein stand sie in brieflichem Gedankenaustausch, und die wenigen Blätter von ihrer Hand, die aus diesem Briefwechsel erhalten sind, sind die einzigen Briefe, die wir überhaupt von ihr besitzen — Dokumente einer stillen, verträumten Natur, die sich in Selbstanklagen und Zweifeln gefiel, im Ton oft überschwenglich und auf der anderen Seite von einer rätselhaften Schwermut beschattet: Ottilien-Briefe!

»Die lieblichste aller jungfräulichen Rosen« nennt sie, ein wenig später, die Malerin Luise Seidler. Auch sie hat Minchen gemalt; das schöne Bild, wie das viel herbere der Mutter nun auch im Goethe-Haus am Frauenplan, dem es Vermächtnis, atmet den ganzen süßen Reiz dieser Mädchengestalt in seelischer Verklärung: eine Novelle in Farben. Novelle auch, wenn die Künstlerin weiter schwärmt: »... mit großen, dunklen Augen, die, mehr sanft und freundlich als feurig, jeden herzig-unschuldsvoll anblickten und bezaubern mußten; die Flechten glänzend rabenschwarz; das anmutige Gesicht vom warmen Hauche eines frischen Kolorits belebt; die Gestalt schlank und biegsam, vom schönsten Ebenmaß, edel und graziös in allen ihren Bewegungen. Sie liebte schlichte weiße Kleider; gewöhnlich trug sie auch beim Ausgehen keinen Hut, sondern nur ein kleines Knüpftüchelchen, unter dem Kinn zugebunden.«

So also lebte sie, ein liebenswürdiges Menschenkind, in dem schönen Haus am Fürstengraben, so ging sie durch die Gassen des alten Jena, Friederike Brion in neuer Gestalt. Die häusliche Wirtschaft, eine Mädchenfreundschaft, arglose Tändelei mit Jenas Studenten, Spaziergänge zum »Paradies«, war's Sommer, nach den Mühlen der Umgebung und wohl auch nach Burgau, Zwätzen und Lobeda, füllten dieses Leben aus. Wer sich ein wenig Mühe gibt, der findet auch im heutigen Jena noch genug, das diese alte Zeit heraufbeschwört, da Minchen Herzlieb mit dem Körbchen am Arm zum Krämer sprang oder des Sonntags sittsam zur Stadtkirche schritt — denn wie die Ottilie ihres großen

Freundes hatte sie, das Pfarrerkind, immer eine Neigung zum Kirchlichen, und das Geheimnisvolle des Gottesdienstes mag ihrem träumerischen, kindlich hingebenden Wesen ein notwendiger Ausgleich zum Alltag gewesen sein.

Der junge Student, der zuerst das Weib in ihr gesehen und wohl auch geweckt, verließ nach einigen Jahren Jena. Warum? weiß man nicht … wie überhaupt diese ganze Episode in Dunkel gehüllt ist und nur ein schwaches Licht erhält aus Briefen Minchens an die Freundin in Lüneburg. Da klagt sie, daß er ein Bild von ihr eigenmächtig mit auf die Reise genommen habe, fühlt sich dadurch verletzt, in ihrem Ruf gefährdet und doch geschmeichelt. Neugierig fragt sie die Freundin, ob sie nicht wisse, was aus ihm geworden. Melancholie umflort die Zeilen.

Als kleines artiges Kind nach Feld und Auen
sprangst du mit mir so manchen Frühlingsmorgen

Ja, hat sie diesen Herrn von Manteuffel wirklich geliebt? Wahrscheinlich, wie ein junges Mädchen, dem zum ersten Male ein Mann verehrend naht, eben liebt. Und wenn er auch später so etwas wie eine Idealgestalt für sie wurde, ihr Herz sein Bild nicht vergessen konnte — daß es sich um eine wirklich tiefe Neigung gehandelt hat, scheint wenig glaublich. Eine Jugendliebe war's, wie andere sie auch gehabt, kaum mehr. Wie überhaupt Minchen ihrer ganzen Veranlagung nach einer schenkenden, beglückenden Liebe kaum fähig gewesen sein dürfte, weder in jungen noch in späteren Jahren. Wesen wie sie entzünden wohl Neigungen und träumen sich wohl auch selbst in Glut; aber alles in allem ist ihr Reich nicht von dieser Welt, sie vermögen die Neigung nicht zu erwidern, die entfachte Glut nicht zu löschen. Sie war eigentlich die geborene Himmelsbraut. Dafür spricht auch der erschütternde Verlauf, den das weitere Leben dieser anima candida genommen, dafür die tragische Erfüllung ihres Schicksals, dagegen keineswegs das Goethe-Erlebnis, das diesem Mädchenleben flüchtigen Inhalt, ihrer Gestalt Unsterblichkeit gegeben hat.

Das Goethe-Erlebnis — wann begann es, wann endete es? Auch hier das merkwürdige Zwielicht, das über so vielen Liebesepisoden des großen Dichters schwebt. Von ihm vielleicht mit Absicht nicht durch Bekenntnisse und Mitteilungen unmittelbarer Natur aufgehellt, um dieser späten und ergreifenden Leidenschaft nichts von ihrem Duft, von ihrem Schmelz zu rauben; und Minchen Herzlieb selbst, die ja, soweit wir sehen, eine etwas passive Rolle dabei spielte und über den wahren Umfang von Goethes Neigung sich vielleicht nie ganz im klaren gewesen sein dürfte, war gar nicht in der Lage, nähere Aufschlüsse zu geben. Wo sie es getan, in brieflichen Äußerungen der Zeit, in späteren Mitteilungen, die man der Schweigsamen entlockt, hat sie sich auf Andeutungen beschränkt oder vielleicht beschränken müssen, weil ihre persönlichen Erinnerungen zu arm waren … mit einer Friederike Brion, einer Lotte Buff, einer Lili, einer Charlotte von Stein, einer Marianne von Willemer und deren Erinnerungen darf man das schöne Mädchen von Züllichau nicht vergleichen. Minchen, eben erblüht und vom ersten Glanz der Jugend umwittert, hat auf Goethe einen weit tieferen Eindruck gemacht als dieser, der »liebe alte Herr«, auf das blutjunge Mädchen. Sie ließ es sich gefallen, angeschwärmt zu werden; aber wieder schwärmen, das konnte sie nicht. Sie neigte nur demütig und dankbar, vielleicht sogar ein wenig verständnislos, das Haupt. Die anderen alle haben Goethe geliebt.

Es mag wohl um die Zeit gewesen sein, da noch der junge livländische Student das Herz Minchens besaß, daß Goethe gewahr wurde, wie aus dem kleinen Mädchen ein Weib, aus der Knospe über Nacht die schwanke, taufrische Rose geworden war. Das war im Herbst 1806, kurz vor den Schreckenstagen der Schlacht bei Jena. Goethe weilte damals vom 26. September bis zum 6. Oktober in Jena; wie sein Tagebuch meldet, war er oft »abends bey Frommanns«, und während er dort mit der Familie und den Freunden des Hauses um den Teetisch saß, vorlesend oder zeichnend und auf das Gespräch der anderen lauschend, mag sein Auge wohl bisweilen entzückt auf der sylphidenhaften Gestalt Minchens geruht haben, die leise hin und her ging und die Mutter mit kleinen Handreichungen in der Bewirtung der Gäste unterstützte … mag sein Dichterherz mit unbewußter Eifersucht den Abglanz erster Liebesfreuden und Liebesleiden in dem jungen Antlitz empfunden haben.

Goethe eilte dann nach Weimar, wie es die unsicheren Verhältnisse geboten. In einer Schilderung dieser Tage erzählt Johanna Frommann, wie sie mit Minchen am Fenster gestanden habe, als Goethes Wagen unten vorbeifuhr. Der Freund hatte sie wohl gesehen. »Er hielt und schickte noch herauf, uns ein Lebewohl sagen zu lassen; uns war, als entflöhe unser Schutzgeist — er blieb uns doch. Wer in seiner Nähe gelebt hat, wird sich des wohltätigen Eindrucks ewig erfreuen können ...«

Die verhängnisvolle Zeit, die dann folgte, ging an Jena, ging auch am Frommannschen Hause gnädig vorüber, trotzdem gerade der »Graben« ein Tummelplatz der aufgelösten Soldateska war. Von Goethe traf noch am Sonnabend der Unglückswoche ein Rundschreiben in Jena ein, in dem er die dortigen Freunde, darunter natürlich auch Frommanns, um ein Lebenszeichen ersuchte: »Ich bitte daher Nachverzeichnete, nur ein Wort auf dieses Blatt zu unserer Beruhigung zu schreiben. Was mich betrifft, so sind wir durch viel Angst und Not auf das glücklichste durchkommen.« Ob er nicht um Minchen zumal besorgt gewesen ist, deren Schönheit in diesen Tagen fremder Einquartierung eine besondere Gefahr bildete? Frau Frommann mag so etwas gefühlt haben, und sie antwortete: »Unerlaubt froh sind Minchen und ich gestern abend über die guten Nachrichten von Ihnen gewesen, da es doch noch so viel anderes Unglück gibt! Ach, als Sie fortfuhren, war es, als wiche unser Schutzgeist! Er war nicht gewichen, die Worte, die durch Sie in unser Herz geschrieben waren, haben uns in den Stunden der höchsten Angst gehoben und erhalten. Dank dem Lehrer und dem gütigen Freunde!«

Das war am 19. Oktober 1806. Am gleichen Tage ließ sich Goethe mit Christiane Vulpius, die ihn mit eigener Lebensgefahr vor den Ausschreitungen französischer Marodeure geschützt hatte, in Weimar trauen — ein Schritt, der natürlich auch bald in Jena bekannt wurde und ohne Zweifel bei Minchen nur noch mehr darauf hingewirkt hat, in Goethe allein den »Lehrer und den gütigen Freund« zu sehen, als den ihn auch die Mutter, vielleicht mit Absicht, in ihrem Briefe apostrophiert hatte. Denn noch immer dachte das Mädchen schwermütig des geflohenen Geliebten — ein Brief an Christiane Albers, die Freundin, der nach Wiederkehr geordneter Verhältnisse anschaulich die

Unglückstage des Oktobers schildert, fragt zum Schlusse aufs neue: »Ich habe noch etwas auf dem Herzen, nämlich ob Du wieder etwas von dem Bewußten gehört hast? Den Namen mag ich kaum nennen, es ist recht albern von mir, sein Schicksal könnte mir nun ganz gleich sein, denn es wird doch nie ein anderes Verhältnis zwischen uns stattfinden, und doch bin ich so neugierig, was er treibt, aber nun genug von dem Menschen, nie will ich wieder von ihm reden.« Man sieht: Entsagung, Neugier, Klage — die Spiegelung eines Herzens, das keine rechte Ruhe findet. Sie soll in jener Zeit auch den Hausgenossen gegenüber besonders verschlossen, oft traurig und bewegt gewesen sein, oft geweint haben, als ob ein schweres Leid sie bedrückte. Der Bruder, damals ein zehnjähriger Junge, erzählt, wie sie gerne Goethes »Trost in Tränen« vor sich hergesagt, das Lied wohl auch mit halber Stimme gesungen habe:

> »Die Sterne, die begehrt man nicht,
> Man freut sich ihrer Pracht,
> Und mit Entzücken blickt man auf
> In jeder heitern Nacht.
>
> Und mit Entzücken blick' ich auf,
> So manchen lieben Tag;
> Verweinen laßt die Nächte mich,
> So lang ich weinen mag ...«

Sie war innerlich, bei aller Harmonie, die sie nach außenhin zur Schau trug, eine zerrissene Natur, schon damals. Jugendschwermut, nur hier besonders stark! Sie hat wohl frühe schon das tragische Geschick geahnt, das ihrer wartete: den geistigen Tod. Solche Menschen fühlen sich irgendwie gezeichnet ... vielleicht hilft Rilke hier verstehen, der im »Stundenbuche« klagt:

»Da leben Menschen, weißerblühte, blasse,
und sterben staunend an der schweren Welt,
und keiner sieht die klaffende Grimasse,
zu der das Lächeln einer zarten Rasse
in namenlosen Nächten sich entstellt.«

So traf sie Goethe wieder, als er zuerst im Mai 1807, dann im Herbst aufs neue auf längere Zeit nach Jena übersiedelte, fand sie verklärt durch ein Leid, das jeder achtete, ohne es zu kennen. Es hatte ihren mädchenhaften Liebreiz nur erhöht, und der Dichter, nach langem Ruhen seiner Leidenschaften doppelt empfänglich, gab sich diesem Reiz nur allzu gerne hin: er fühlte, dem Herbst des Lebens nahe, so etwas wie das Werden eines neuen Liebesfrühlings. Die Worte »Abends bey Frommanns« werden im Tagebuch zur ständigen Floskel. Anfangs mag er wohl noch allein den geselligen Verkehr gesucht haben, der in dem gastfreundlichen Hause von alters herrschte, auch die gemütliche Teestunde mag ihn gelockt haben, zumal in dieser Jahreszeit, wo Sturm und Regen das alte Schloß umtobten und das Gefühl der Einsamkeit, des Alleinseins in dem riesigen Bau noch mehr verstärkten; da war es drüben bei Frommanns viel traulicher und netter, da wurde gesungen und gescherzt, gezeichnet und vorgelesen, es wurden Experimente gemacht mit der neuen Laterna magica, und vor allem war da Minchen Herzlieb.

Und so verging bald kaum ein Tag, wo er nicht um die Dämmerstunde Hut und Mantel nahm und über den dunklen »Graben« dorthin tappte — schweigend lag das Haus hinter seiner Mauer, die Fensterläden sorglich vor die Fenster geschlagen, kaum daß ein Lichtschein durch die Ritzen drang. Und dann stand er vor der niedrigen Hoftür und klopfte, und Minchen kam die Treppe herunter, dem verehrten Gast, dem väterlichen Freund zu öffnen. Schelmisch lächelnd stand sie ihm im Flur gegenüber — das

Töchterchen, so dachte er im Anfang, das er sich immer schon gewünscht, dann Schwester, als er sich dieser holden Jugend gegenüber immer jünger werden fühlte, und eines Abends, heiß durchzuckte es den längst schon Graugewordenen, war es die Geliebte, die er in die Arme schloß. Und die es sich in Demut gefallen ließ.

Ja, hat Goethe Minchen Herzlieb wirklich in Armen gehalten? Sie sich vertrauend hineingeschmiegt? Ohne Zweifel. Warum auch nicht? Selbst wenn sie nur »väterliche Gunstbezeugungen« darin gesehen, ihr Herz den Schlag des seinen nicht ganz so heiß erwidert haben sollte, wie er vielleicht geglaubt. Denn seine Neigung war nun ja längst schon zu »Raserei der Liebe« geworden, längst hatte der stumm gewordene Mund des Dichters durch sie wieder den beschwingten Wunderlaut der Jugendzeit gefunden, sein Geist Aufschwung erfahren zu neuen dichterischen Plänen, neuen Entwürfen. Es war am 29. November gewesen, dem ersten Advent des Jahres 1807, daß Goethe, der Mann, in Minchen Herzlieb bei einer Mittagsgesellschaft, »mächtig überrascht«, das Weib erkannt hatte, ihm zur Gewißheit geworden war, daß er das Mädchen liebte ... das Tagebuch zwar meldet nur kurz: »Mittags bey Frommanns mit Knebel, Seebeck, Oken, Wesselhöft. Kam Legationsrath Bertuch. Abends Schattenspiel. Sodann nach Hause. Knebel begleitete mich.« Nicht mehr — wie sparsam war doch dieser Goethe, wo es um seine Seele ging! Kein Name, keine voreilige Konfession! Aber wir wissen: an diesem Abend des 29. November begann er die »Pandora« zu diktieren, und daß er ihn in einem kurz darauf entstandenen Sonett als »Epoche« feiert, beweist, was er für ihn selbst gewesen ist.

Mit Flammenschrift war innigst eingeschrieben
Petrarcas Brust vor allen andern Tagen
Karfreitag. Ebenso, ich darf's wohl sagen,
Ist mir Advent von Achtzehnhundertsieben.

Ich fing nicht an, ich fuhr nur fort, zu lieben
Sie, die ich früh im Herzen schon getragen,
Dann wieder weislich aus dem Sinn geschlagen,
Der ich nun wieder bin ans Herz getrieben.

Petrarcas Liebe, die unendlich hohe,
War leider unbelohnt und gar zu traurig,
Ein Herzensweh, ein ewiger Karfreitag;

Doch stets erscheine, fort und fort, die frohe,
Süß, unter Palmenjubel, wonneschaurig,
Der Herrin Ankunft mir, ein ew'ger Maitag.

Siebzehn Sonette sind es, die sich um den Namen Minchen Herzlieb ranken. Sie sind in wenigen Wochen entstanden, die meisten in Jena als unmittelbarer Niederschlag der großen seelischen Erregung, ein paar dann noch in Weimar aus der Erinnerung heraus. Siebzehn Sonette in einer Frist von Wochen, und das bei Goethe, dem die Liebessonette der Romantiker noch vor kurzem so widerstrebten, der ihre tränenreichen Dichter als »Lacrimasse« verspottet hatte!

Wie ging das zu?

Am 2. Dezember war Zacharias Werner, der Dichter des »Luther« und der »Söhne des Tales« zu Goethe gekommen, um ihm, den er in Weimar verpaßt, seine Aufwartung zu machen. Tags darauf führte Goethe den damals Vielbesprochenen bei Frommanns ein. »Gegen 5 Uhr Werner und Knebel,« sagt das Tagebuch, »mit beyden zu Frommanns, wo Werner verschiedene kleine Gedichte, Sonette usw. vorlas.« Das war der Anfang der berühmten »Sonettenwut«. Denn es blieb nicht dabei, daß der bisherige Verächter des Sonetts, wie Knebel seiner Schwester schrieb, an denen Werners allein großes Gefallen hatte, sondern je mehr er sich mit diesem über die Kunstform des Sonetts unterhielt, um so mehr wuchs auch die Lust, sie selbst ernsthaft zu erproben, und bereits am 6. Dezember liegt das erste Goethesche Sonett »Das Mädchen spricht« fertig vor und wird bei Knebel vorgelesen — ein Liebessonett, natürlich, das aber die Beziehung auf Minchen Herzlieb noch nicht deutlich werden läßt und diese erst durch Einfügung in den späteren Zyklus erhält.

Damit war der Bann gebrochen. An dem »Sängerkrieg«, der nun bei Frommanns ausgefochten wurde und Minchen verherrlichte, beteiligte sich neben Werner, Riemer und Gries auch Goethe. Aber während die drei andern diesen Wettkampf mehr oder weniger als Spielerei betrachteten, gab Goethe Herzblut. Am 13. Dezember gestand er Minchen in dem Sonett »Wachstum« seine Liebe. Das Blatt, das er ihr schenkte, wurde einem langen Leben Reliquie. Noch in später Stunde schrieb das Mädchen, stolz und selig-verschämt, das Datum darauf und die Worte »nachts 12 Uhr« — in enger Stube, die Kerze flackerte, sie saß, halb ausgekleidet schon, auf ihrem Bett, und die Augen, die immer wieder die süßen Verse tranken, wurden heiß. Bis sie dann müde auf das Lager sank, das Blatt Papier am Herzen, und Traum sie forttrug. Die Frau Rat Walch hat fünfzig Jahre später noch dem Goethe-Forscher Loeper erklärt, daß sie in diesem Sonett ihr Verhältnis zu dem Dichter so dargestellt finde, wie es gewesen sei!

Aber auch das Tagebuch Goethes legt nunmehr, wortkarg allerdings wie immer, Zeugnis dafür ab, wie sehr ihn diese Sonettendichterei innerlich bewegt hat. Da heißt es am 10. Dezember: »Sonette. Lang im Bett gelegen« (was typisch für Goethe ist, der mit Vorliebe morgens im Bette dichtete), am 11.: »Das Sonett voran«, am 18.: »Einiges Sonettische«, am 16.: »Um 5 Uhr zu Knebel. Sonette vorgelesen. Um 8 Uhr zu Frommanns ... Werner hatte vorgelesen. Nachher allein Werners Charaden-Sonett auf Minchen Herzlieb.« Dies Charaden-Sonett trieb Goethe dann zu seiner ungleich schöneren, lyrisch zarten Charade auf das Wort Herzlieb, die später Bettina von Arnim so viel Kopfzerbrechen bereitete, weil sie sie gern, wie die Sonette überhaupt, auf sich beziehen wollte und doch nie klug daraus wurde ... Die Tagebuchstelle aber, die von dem Anlaß dazu berichtet, ist besonders merkwürdig: sie ist die einzige, wo der geliebte Name genannt wird. Er klingt noch einmal hier und da in Briefen auf. Das ist aber auch alles. Wo Goethe sich später dieser Zeit erinnert oder erinnern muß, begnügt er sich mit Andeutungen, die zugleich Schleier sind.

Siebzehn Sonette sind es im ganzen, die Goethe für Minchen Herzlieb gedichtet hat (nicht für Bettina, wie diese stolz sich brüstete); sie runden sich zu einem Kranz, der unverwelklich das süße Haupt dieser Mädchenblüte ziert ... die magisch verklärte Geschichte einer Liebe, eine Sinfonia domestica, wie wir keine andere besitzen. Kuno Fischer, der Heidelberger Forscher, hat sie liebevoll und feinfühlig nach ihrem Inhalt geordnet, und wenn die zeitliche Reihenfolge auch dagegen sprechen mag, konzipiert, gedacht, geformt hat Goethe sie sicherlich so. Denn so erst wird die betörend süße Liebesnovelle daraus, die dem Alternden noch einmal (wie er glauben mußte, wenn er auch irrte: zum letzten Male) Rausch und Sehnsucht der Sinne schenkte. Da folgt dem »Mächtigen Überraschen« schnell ein »Freundliches Begegnen«, mit »Kurz und gut« beginnt das Liebesspiel, und »Das Mädchen spricht«, »Wachstum«, »Reisezehrung«, »Abschied«, »Die Liebende schreibt«, »Die Liebende abermals«, »Sie kann nicht enden«, »Nemesis«, »Christgeschenk«, »Warnung«, »Die Zweifelnden«, »Mädchen«, »Epoche« und »Charade« bringen dann in erregendem Auf und Ab des Gefühls die einzelnen Stationen dieser Leidenschaft bis zum Adagio des Ausklangs ... am ergreifendsten vielleicht da, wo sich am unmittelbarsten Erlebtes widerspiegelt:

Wenn ich nun gleich das weiße Blatt dir schickte

Anstatt daß ich's mit Lettern erst beschreibe,
Ausfülltest du's vielleicht zum Zeitvertreibe
Und sendetest's an mich, die Hochbeglückte.
Wenn ich den blauen Umschlag dann erblickte,
Neugierig schnell, wie es geziemt dem Weibe,
Riss' ich ihn auf, daß nichts verborgen bleibe;
Da läs' ich, was mich mündlich sonst entzückte:
Lieb Kind! Mein artig Herz! Mein einzig Wesen!
Wie du so freundlich meine Sehnsucht stilltest
Mit süßem Wort und mich so ganz
      verwöhntest.
Sogar dein Lispeln glaubt' ich auch zu lesen,
Womit du liebend meine Seele fülltest
Und mich auf ewig vor mir selbst verschöntest.

Die »Epoche« ist das letzte in Jena entstandene Sonett. Es war Goethes Abschiedsgedicht. Denn am 18. Dezember kehrte er nach Weimar zurück, riß sich los — ob mit, ob ohne Einverständnis Minchens, ob nach schmerzlicher Trennung oder in wortloser Entsagung, wie er es gemeinhin zu tun pflegte, das bleibt dunkel. Nie ist darüber auch nur das geringste kund geworden. Der »Advent von Achtzehnhundertsieben« fand kein lichterhelles Fest als Krönung.

Und Minchen?

Am 10. Februar 1808 endlich erzählt sie der Freundin Christiane etwas von diesen Erlebnissen des Winters, und das auch erst, nachdem sie seitenlang von anderem geredet. »Diesen Winter haben wir,« so schreibt sie, »im ganzen recht froh zugebracht, ohne grade viele Menschen zu sehen. Goethe war aus Weimar herübergekommen, um hier recht ungestört seine schönen Gedanken für die Menschheit bearbeiten zu können ...« Und so weiter. Es sei ihr unbeschreiblich wohl und doch auch weh in seiner Gegenwart geworden, und wenn sie manchmal abends in ihrer Stube seiner goldenen Worte gedacht habe, sei sie in Tränen ganz zerflossen. Dann erst ein paar nette Zeilen über Zacharias Werner, und, um mit ihr selbst zu reden: »damit Punktum«. Nichts von den vielen Sonetten, die ihr zu Ehren gedichtet worden waren, nichts von Goethes Liebe, nichts (oder doch nur sehr wenig) von seinen häufigen Abendbesuchen, die doch, wie ihr zumindest Instinkt hätte sagen müssen, schließlich einzig und allein ihr gegolten hatten! Und nichts von irgend einer Heimlichkeit, wie sie zwischen Liebenden doch einmal vorkommt — nichts! Verschloß ihr Scham den Mund? Gelöbnis? Einfalt? Rätsel über Rätsel, daß sie nach einem solchen Erlebnis selbst für die vertrauteste Freundin keine anderen Worte findet als die alltäglichsten, die man sich denken kann. Daß sie der jäh auflodernden Leidenschaft Goethes gegenüber etwas benommen geblieben war, ist möglich. Das paßt zu ihrem Charakterbild. Daß sie sie überhaupt ignoriert haben sollte, ist unmöglich und würde dem widersprechen, was die Gealterte später Herrn von Loeper gestanden hat. Sie könnte dann weder auf Goethe den tiefen Eindruck gemacht haben, dem die Sonette, die »Pandora« und die »Wahlverwandtschaften« Spiegelung sind, noch ist Goethe der Mann gewesen, eine unerwiderte Neigung zu »Raserei der Liebe« werden zu lassen. Vermutlich hat Goethe die Geliebte, als der Tag der notwendigen Trennung nahte, durch ein Gelöbnis zum Schweigen verpflichtet, vielleicht sogar um Vergessen gebeten. Nur so sind die leeren Worte zu der Freundin zu erklären, nur so ihr ganzes anscheinend teilnahmloses Verhalten, nur so die jähe Flucht aus Jena.

Denn es war eine Flucht, daß sie Jena so schnell verließ und in die Heimat zur Schwester eilte, die heiratete. Sie hoffte vielleicht, dort im Trubel der Hochzeit Vergessen zu finden. Goethe mußte von dieser auffälligen Reise gehört, Minchens Verschwinden ihn mit Sorge erfüllt haben. Denn im Juni schrieb er aus Karlsbad an Frau Frommann:

»Hätten Sie, teure Freundin, in jener Stunde, als Sie uns Ihren lieben Brief zudachten und schrieben, empfinden können, wie nachrichtenbedürftig wir damals waren, so hätte Sie unser lebhaftester Dank für diese Wohltat schon im voraus belohnt. Besonders dankbar sind wir für die Versicherung, daß es unserem Minchen wohlgehe. Zwar konnte man voraussehen, daß ein so liebes Kind, das der Natur und Ihnen so viel verdankt, überall zum besten aufgenommen und lebhafte Freundschaft erwecken würde, doch ist es eine eigene Empfindung, wenn die Abwesenheit geliebter Personen uns verdrießlich fällt, so können wir uns sie und ihre Umgebungen, niemals ganz heiter vorstellen. Desto erfreulicher ist die ausdrückliche Versicherung Ihres Wohlbehagens. Mögen Sie meine besten Wünsche und Grüße zu ihr gelangen lassen.«

Minchen verlobte sich dann in Züllichau mit jenem Professor Pfund, den Zelter so warm Goethe empfohlen hatte ... voreilig und unüberlegt, was auch wieder die Vermutung nahelegt, daß sie um jeden Preis vergessen wollte. Denn als der Verlobte sie Weihnachten 1812 aus Jena, wohin sie inzwischen zurückgekehrt war, zur Hochzeit abholen wollte, weigerte sie sich und löste die Verlobung kurzerhand auf, zum Entsetzen der Pflegeeltern, die dieser jähen Sinneswandlung verständnislos gegenüberstanden. Auch Goethe, für den die Adventtage von 1807 nun schon längst bloße Episode geworden waren, nachdem er in den »Wahlverwandtschaften« Ottilie, dem geliebten Kinde, die Züge Minchens gegeben hatte, war erschrocken, als er davon hörte; die Malerin Luise Seidler hielt ihn ja immer auf dem Laufenden über das, was sich in Jena ereignete. Noch am 25. September 1811 hatte er dieser geschrieben: »Sie sollen mir erzählen von sich, von den Freunden und von dem guten Minchen, von der ich so lange nichts gehört, und deren bevorstehende Wiedererscheinung mich angenehm überrascht.« Nun erfuhr er die plötzliche

Entlobung. »Grüßen Sie Minchen,« schrieb er darauf an die Malerin, »ich habe immer geglaubt, dieses Geistchen gehöre einem treueren Element an. Doch soll man sich überhaupt hüten, mit der ganzen Sippschaft zu scherzen.« Hatte er sich tatsächlich innerlich schon so gelöst von ihr, sich das ganze Jenaer Erlebnis so sehr von der Seele gedichtet, daß er in dieser Weise scherzen konnte?

Von nun an ging der Weg des armen Minchens bergab, die Dämmerung, die der endlichen geistigen Umnachtung voraufging, begann ihr Haupt zu umschatten. Der völlig unmotivierte Bruch mit dem Professor Pfund, der sie auf Händen getragen hätte, war das erste Symptom; die Ehe, die sie dann neun Jahre später mit dem Jenaer Professor Walch, einem Juristen, einging und die ganz glücklos blieb, weil ihre zarte Seele nur widerwillig die eheliche Vereinigung ertrug, das zweite. Versuche eines Zusammenlebens scheiterten kläglich, machten sie gemütskrank, und lebten die »Gatten« getrennt, so machte sie sich wieder die schwersten Vorwürfe, bemitleidete den unglücklichen Mann, dessen Verhängnis sie war.

1853 starb Walch. Sie war erlöst. Aber nur erlöst, um für immer in Melancholie zu versinken. Denn die unheilvollen Dämonen, die schon das junge Mädchen so oft in unseligen Zwiespalt der Empfindungen gestürzt, sie wahrscheinlich nie zum vollen Genuß des Lebens hatten kommen lassen, nahmen nun ganz Besitz von ihr. Noch ein paar Jahre lebte die verwitwete Frau Rat Walch still und in sich gekehrt in den alten Stuben des Frommannschen Hauses dahin, von Verwandtenliebe treu gehütet, zuweilen ein wenig wunderlich und immer ein bißchen traurig und schwermütig, ohne daß sie zu sagen wußte: warum — wie als junges Ding, wo ihr Lieblingslied Goethes »Trost in Tränen« war. Gerne ging sie spazieren, am »Paradies« unten an der Saale und durch den Prinzessinnen-Garten hindurch zu den Friedhöfen oben am Philosophenweg. Sie nahm auch an Gesellschaftsabenden des Bruders teil, und Kuno Fischer hat die alte, jugendlich schlanke Dame auf einem solchen — es wurde Goethes »Tasso« vorgelesen! — noch unterhaltsam und lebendig gefunden. Dann aber verwirrte sich ihr Geist und fand sich nicht mehr zurecht in diesem Leben, und man mußte sie einer Anstalt für Nervenkranke in Görlitz anvertrauen. Dort ist Minchen Herzlieb am 10. Juli 1865, sechsundsiebzig Jahre alt, gestorben ... einsam, fremd und abseits allem Leben. Sie hat niemand mehr gekannt, der endlichen Auflösung des erdenmüden Körpers war die des Geistes grauenhaft voraufgeschritten.

Derweilen war sie als Ottilie längst in die Unsterblichkeit eingegangen. 1809 schon waren ja die »Wahlverwandtschaften« erschienen, und es will fast scheinen, als ob der Dichter dem lebendigen Menschenkind die Seele gestohlen hätte, um dem erlauchten Geschöpf seiner Phantasie das ewige Leben zu verleihen. Denn ungefähr von dieser Zeit an war der Weg der wirklichen Ottilie nur noch ein seelenloses Gleiten und Taumeln gewesen ...

Zu Eckermann hat Goethe, der Greis, noch kurz vor seinem Tode gesagt, daß in den »Wahlverwandtschaften« kein Strich enthalten sei, der nicht erlebt, aber auch kein Strich so, wie er erlebt worden. Das gilt vor allen Dingen

166

wohl von dem Erlebnis jenes »Advent von Achtzehnhundertsieben«. Gewiß, von der Seele geschrieben hat sich Goethe diese rätselhafte Liebesleidenschaft wohl, vergessen hat er sie nie. Immer wieder tauchte sie zu verschiedenen Perioden seines Lebens vor ihm auf, mahnend, anklagend, Rechenschaft heischend. So im Herbst 1815, als Goethe sich, unendlich leidend und trotz der heroischen Geste fast seelischem Tode nahe, von Marianne von Willemer losgerissen hatte. Da fuhren er und Sulpiz Boisserée zusammen von Karlsruhe nach Heidelberg. Alte Erinnerungen wachten in dem Dichter auf, und er erzählte. Auch auf die »Wahlverwandtschaften« kam er. »Die Sterne waren aufgegangen, er sprach von seinem Verhältnis zur Ottilie, wie er sie lieb gehabt und wie sie ihn unglücklich gemacht. Er wurde zuletzt fast rätselhaft ahndungsvoll in seinen Reden.«

So Boisserée in seinem Tagebuch. Auf ähnliche Äußerungen stößt man in den Annalen, als Goethe dort, von Erinnerung geleitet, die Jahre 1807 bis 1809 schildert, in die u. a. die poetische Entwicklung der »Wahlverwandtschaften« fällt. »›Pandora‹ sowohl als die ›Wahlverwandtschaften‹«, heißt es da 1807, »drücken das schmerzliche Gefühl der Entbehrung aus und konnten also nebeneinander gar wohl gedeihen.« Und unter dem Jahre 1809: »Um von poetischen Arbeiten nunmehr zu sprechen, so hatte ich von Ende Mai an die ›Wahlverwandtschaften‹, deren erste Konzeption mich schon längst beschäftigte, nicht wieder aus dem Sinn gelassen. Niemand verkennt an diesem Roman eine tief leidenschaftliche Wunde, die im Heilen sich zu schließen scheut, ein Herz, das zu genesen fürchtet.«

Ein seltsames Hin und Her von Stimmungen und Reflexionen. Und sind im Grunde doch nichts weiter als der alte Schmerz, der ihn einst, 1807, im später »Abschied« genannten Sonett die »jähe Trennung« von der Geliebten so wild anklagen ließ. Fritz Frommann meint in seinen Aufzeichnungen über Minchen Herzlieb: »Mögen auch Goethes Empfindungen für sie stärker gewesen sein als er sich merken ließ, so ist doch soviel gewiß, daß auch er nie an ihren Besitz gedacht hat, und daß diese Episode in seinem Leben mit der dichterischen Darstellung der Ottilie in den ›Wahlverwandtschaften‹ ihren völligen Abschluß gefunden, daß er sich damit von aller leidenschaftlichen Erregung befreit hat und ihm auch davon nur geblieben ist, ›das süße Erinnern, das Leben im tiefsten Innern‹.«

Das ist der Irrtum des Bürgers, der Rausch und Qual der Erinnerungen nicht kennt. Hervorgerufen vielleicht dadurch, daß Goethe und Minchen sich im Laufe der Jahre im Frommannschen Haus begegneten, ohne daß die Vergangenheit irgendwie neue Leiden schaffte. Die Fama will ja sogar wissen, daß Goethe stets »mit ungetrübten Eindrücken« von dort geschieden ist … Immerhin, wie sehr diese Begegnungen Maskerade waren, wie sehr Goethe bemüht war, Totes nicht wieder aufleben und Alltagsgeschwätz werden zu lassen, das zeigt die Behandlung der Jenaer Sonette in den Werken von 1815: »Epoche« und »Charade«, die verraten könnten, wer in ihnen gemeint, nimmt er nicht auf! Und über die andern breitet er durch die Anordnung Schleier. 1817 schickt er der einst Geliebten ein Exemplar der zehn caschierten Gedichte, zum Geburtstage. Die Widmung lautet:

An Fräulein Wilhelmine Herzlieb.

Wenn Kranz auf Kranz den Tag
    umwindet,
Sey dieses auch Ihr zugewandt;
Und wenn Sie hier Bekannte findet,
So hat Sie sich vielleicht erkannt.

Jena am 22. May
1817.   Goethe.

Das klingt kühl. Aber das »vielleicht« der letzten Zeile
verrät doch die Aschenwärme alter Gluten, läßt Frage
klingen, die auf Antwort hofft. Natürlich hat Minchen sich
erkannt, sie, die in ihrer Schatulle die Urschrift des
»Wachstum«-Sonetts als kostbarsten Besitz verwahrt und
die einem Advent ohne Heiland, vielleicht, ihre Seele
geopfert hat ... natürlich, nur das Wissen darum fehlt. Kein
Brief, kein Gespräch, keine Äußerung ist erhalten, keiner ist,
der davon erzählt. Es ist furchtbar, wie dies frühe Liebesspiel
in stummer Verschwiegenheit endet. Bald war es so, als
hätten die zwei Menschen nie voneinander gewußt. Selbst
als in den Goethe-Werken der Ausgabe letzter Hand endlich,
volle zwanzig Jahre nach Entstehen, »Epoche« und
»Charade« erscheinen, letzte Schleier fallen, findet das in
Jena kein Echo. Auch er behält die Maske vor. »Eine
seltsame Empfindung« nennt er's, als er Minchen um diese
Zeit einmal flüchtig sieht, und spricht von ihrem »artigen
und niedlichen Betragen«.

So kann Goethe schließlich sterben, ohne daß aus dem
Frommannschen Hause, wo Minchen auch als Frau
Professor Walch fast immer lebte, verzweifelter Schrei aus
Frauenmund, nicht einmal leise Klage dringt. Und fragte die
Greisin mit den dunklen, schwermutsvollen Augen später
einmal jemand nach ihren Erinnerungen, so wurde sie
scheu und wortkarg, als ob sie Totes gerne tot ließe ...

Rätsel verschatten die Historie, und in himmlischer Klarheit leuchtet allein das Werk des Dichters. Es hat das bißchen Menschenleben in sich aufgesogen.

Herbsttage in Heidelberg

Auf der Terrasse hoch gewölbtem Bogen
War eine Zeit sein Kommen und sein Gehn
...

Marianne von Willemer.

Denkt man an Goethe und Heidelberg, so klingen aus der Erinnerung zwei Frauennamen herauf. Lili und Marianne. Die diese Namen trugen, sie haben beide, nun von Legende längst in Sphären der Verklärung entrückt, das Herz des Dichters besessen ... die eine, selbst im vollen Glanz der Jugend prunkend, das des Jünglings, der wild ins Leben stürmte, »der Wunder bang, von Sehnsucht süß bedrängt«; die andere, eine »Frau von dreißig Jahren«, das des Mannes, dem schon der Lebensabend nahte. Und Heidelberg war beidemal die Stätte, da die Entscheidung fiel: sie hieß im einen wie im andern Fall Entsagung.

Doch laufen Fäden auch vom Neckar nach der Ilm, und Unrecht wäre es, nicht auch Charlottens und Christianens zu gedenken, nach denen Sehnsucht des Freundes und des Gatten hier in Heidelberg auch oft genug gebangt ...

———

Das war ein bunter Tag aus andern bunten Tagen, als Goethe zum erstenmal nach Heidelberg kam.

Denn er kam nicht allein.

Drei wilde Gesellen begleiteten den Dichter des »Werther«: die beiden Stolbergs, die Brüder jener Auguste, der Goethe die schönsten Briefe seiner heißen und verworrenen Jugend geschrieben hat, und ein Graf Haugwitz. In Sturm und Drang fegten sie durch das verstörte Land, das ihnen, Ort für Ort, entgeistert nachstarrte, und rissen Goethe mit. Den lockte mehr als ihre ungebärdige Art das Ziel der wilden Reise: die Schweiz. Aber immerhin — wie schön war's doch, der Fesseln ledig, die die zwiespältige Leidenschaft zu Lili Schönemann ihm auferlegt, durchs Land zu schweifen, im blauen Werther-Frack und Stulpenstiefeln, und wenn die Kameraden, aller Sitte spottend, den Philistern in Mannheim und Darmstadt lange Nasen drehten, so machte er nicht gerade ungern mit. »Wir vier,« heißt es in einem Briefe des älteren Stolberg an seine Schwester Katharina im fernen Dänemark, »sind bei Gott eine Gesellschaft, wie man sie von Peru bis Indostan umsonst suchen könnte.«

Diese Gesellschaft, die in Frau Ajas Haus in Frankfurt — man denke: diesem wohlfundierten Patrizierhaus — lärmend »nach Tyrannenblut gelechzt«, hatte die Mainstadt am 14. Mai 1775 verlassen. Merck in Darmstadt, ein besonnener Freund, hatte die vier Genies argwöhnisch betrachtet: »Daß du mit diesen Burschen ziehst,« hatte er zu Goethe, dem einzigen, der wirklich ein Genie war, gesagt, »ist ein dummer Streich, du wirst nicht lange bei ihnen bleiben. Deine unablenkbare Richtung ist, dem Wirklichen poetische Gestalt zu geben; die andern suchen das sogenannte Poetische, das Imaginative zu verwirklichen, und das gibt nichts als dummes Zeug.«

Bittere Worte! Deren Wahrheit und tiefen Sinn Goethe halb erkannte, halb verneinte und die er damals, selbstverständlich, in den Wind schlug. Aber als er, ein Menschenalter später, »Dichtung und Wahrheit« niederschrieb, hatte er ihre Schicksalskraft an Leib und Seele erfahren. Dort hat er sie denn auch verewigt.

Ja, es war ein bewegter Tag, der 16. Mai 1775, als die vier ungleich-gleichen Fahrtgesellen in das abendliche Heidelberg einzogen; die guten Heidelberger mögen nicht schlecht gestaunt haben, als dies Quartett singend und hüteschwenkend durch die stillen Straßen marschierte, Gestalten fast aus einer anderen Welt. »Nun gehen wir hin,« erzählte der immer schreiblustige Christian Stolberg der Schwester andern Tages, »das weltberühmte Heidelberger Faß zu sehen ...« Natürlich! Da's nicht Tyrannenblut sein konnte, nahm man mit Neckarwein vorlieb, und wie in Mannheim trank man in lautem Rundgesang auf das Wohl der Geliebten und zerschlug nachher die Gläser ... Und Goethe? »Liebe Lili, wenn ich dich nicht liebe!« tönte es wohl damals schon in seinem Herzen. Sehnsucht quälte den guten Jungen, trieb ihn nur zu oft aus dem lauten Lärm der Zechgenossen. Und da winkte denn am Markt ein stilles Haus, ärmlich anzusehen nur mit seinen zwei Fenstern Front und dem niedrigen Dach: das Haus der guten Demoiselle Delph winkte Trost und brachte Trost, so verstört der Kopf auch war, in dem Wein und Liebeszweifel gleich stark rumorten. War sie, eine Geschäftsfreundin des Schönemannschen Hauses, es doch gewesen, die seinerzeit die Hände Lilis und Goethes »mit ihrem pathetisch gebieterischen Wesen« ineinander gelegt hatte! So mochte sie nun auch sehen, was sie angerichtet, mochte Gluten dämpfen, die sie selbst entfacht ... Und so waren Ausklang dieses ersten flüchtigen Aufenthalts in Heidelberg Worte der Klage und Anklage, von der ältlichen Jungfer kopfschüttelnd angehört, derweilen die Freunde des Beichtenden oben im Burgkeller lärmten.

Aber der andere Tag schenkte schnell Vergessen, und über Karlsruhe, wo Klopstock besucht wurde und Goethe, sterngebunden, zum zweitenmal dem jungen Thronerben von Sachsen-Weimar begegnete, ging's nach der Schweiz zu Lavater.

———————————

»Liebwärts« blickte Goethe noch, als er, heimkehrend aus der Schweiz, Frankfurt liegen sah: wartete dort am Kornmarkt seiner doch Lili, die in so vielen Versen dieser Reise heißersehnte. Doch wenige Wochen später floh er, von seinem Dämon getrieben, die, um die er noch vor kurzem so gebangt. »Vergebens,« hatte er am 3. August dieses schicksalsvollen Jahres an Auguste von Stolberg geschrieben, »daß ich drei Monate in freier Luft herumfuhr, tausend neue Gegenstände in alle Sinnen sog ... ich sitze wieder in Offenbach, so vereinfacht wie ein Kind, so beschränkt als ein Papagei auf der Stange ... alles wirrt sich in einen Schlangenknoten.« Da blieb nichts übrig als Bruch und Flucht.

Dazu jagten sich andere Ereignisse. Am 21. September, einen Tag nach der Entlobung, hatte ihn Carl August, jetzt Herzog geworden, durch Handschlag an sich gebunden: Weimar, fremd und unbekannt, wartete. Der 12. Oktober erneuerte die Einladung. Goethe, des herzoglichen Wagens harrend, der ihn nach Weimar bringen sollte, machte sich reisefertig. Aber der Wagen kam nicht. Spott des Vaters, eigene Scham, dazu das qualvolle Gefühl, Lili, die immer noch im stillen Geliebte, sich verscherzt zu haben, trieben ihn, bei Nacht und Nebel, aus der Vaterstadt. Italien sollte Vergessen und Linderung bringen: »Lili, adieu Lili, zum zweitenmal!«

Und erste Zuflucht war wieder das stille Haus der guten Demoiselle Delph in Heidelberg.

Im Mai war Heidelberg an Goethe vorbeigeglitten wie ein Traum. Jetzt erlebte er es wirklich. Erlebte Herbsttage, die Gold und Trunkenheit über Stadt und Schloß schütteten. Die Berge ringsum brannten. Schon das Tagebuch, das er von nun an führte, war unterwegs, an der Bergstraße, bei »ominöser Überfüllung des Glases« begonnen worden; im Gasthaus in Weinheim hatte er, wie dasselbe Tagebuch berichtet, vor »Herbstbutten und Zuber« nicht den Weg zum Wirtszimmer finden können; nun geriet er in Heidelberg mitten in die Weinlese hinein. »Elsassische Gefühle« lebten in ihm auf.

Die Handelsjungfer Delph tat alles, den Bekümmerten zu zerstreuen. Tat's mit Erfolg. Sogar ein neuer Heiratsplan erwachte, neue Mädchenschönheit bedrängte das noch wunde Herz, das Lili vergessen wollte. Das Leben lächelte wieder.

Aber dann kam eine Nacht, der erste rauhe Wind rüttelte an den Fensterläden und in den Gärten raschelte das welke Laub, da war der alte Mißmut wieder rege geworden. Unfruchtbares Geschwätz mit der Delph hatte die schon halb begrabenen Zweifel aufgestört: nun quälte das Bild Lilis, quälte die eigentümliche Weimarer Geschichte, eine tolle Geschichte, wenn man sie recht betrachtete, den einsamen Schläfer. Leise ächzte er im Traum.

Da klang ein Posthorn in die Stille, jähes Klopfen brach das schlafende Haus auf. Türen klappten, Licht fuhr eilig hin und her. Und dann trat die Delph, notdürftig hergerichtet, in des Gastes Kammer, in der Hand einen versiegelten Brief: Stafette aus Frankfurt ... der Geleitsmann des Herzogs, dort endlich eingetroffen, wartete ... Weimar rief!

Und das Schicksal erfüllte sich: der nach Italien hatte wandern wollen, eine kranke Liebe im Herzen, er zog nach der bescheidenen Ilm, einer neuen Liebe entgegen, neuer Qual und neuem Rausch, weil es die Sterne so wollten. Die Sonnenpferdeworte aus dem »Egmont«, sicherlich der Delph, die warnte, nicht so spontan zugeschleudert, wie »Dichtung und Wahrheit« es erzählt, aber, als Goethe damals in der gleichen Nacht noch Heidelberg verließ, sicherlich dem Sinne nach so empfunden, gaben das Geleit. Und der Goethe, der später aus der Erinnerung diese ereignisschwere, geheimniserfüllte Nacht in »Dichtung und Wahrheit« schilderte, der formte gleichzeitig jene »orphischen Urworte«:

Wie an dem Tag, der dich der Welt verliehen,
Die Sonne stand zum Gruße der Planeten,
Bist alsobald und fort und fort gediehen
Nach dem Gesetz, wonach du angetreten.
So mußt du sein, dir kannst du nicht entfliehen,

So sagten schon Sibyllen, so Propheten;
Und keine Zeit und keine Macht zerstückelt
Geprägte Form, die lebend sich entwickelt.

An dem schmalen, unscheinbaren Hause der Demoiselle
Delph aber findet der, der Augen für derartige Dinge hat,
heute eine Tafel, die da meldet:
»Aus diesem Hause
seiner mütterlichen Freundin Dorothea Delph
reiste Goethe, der Einladung Carl Augusts folgend,
den 4. November 1775 nach Weimar.«
Die kleine Tafel gibt Kunde von dem wichtigsten Vorgang
in Goethes ganzem Leben. Wie wäre das wohl verlaufen,
wenn hier der »Zufall« anders gespielt hätte? Aber der
Alltag treibt daran vorbei, und kaum einer steht einmal still
und versucht, die ungeheuere Bedeutung dieser wortkargen
Inschrift auch nur zu begreifen!

Und die Jahre stürzten. Die Ufer der Ilm wurden dem
Fremdling Heimat. »Gott im Himmel, was ist Weimar für ein
Paradies!« jubelte Goethe aus Mannheim Charlotte von
Stein zu, als er im Dezember 1779 von der zweiten
Schweizer Reise zurückkehrte, die er mit dem herzoglichen
Freund zusammen unternommen. Sie hatte ihn auch
flüchtig zu Beginn nach Heidelberg geführt, und
nachdenklich war der nun Dreißigjährige durch die Gassen
geschlendert, die er vor vier Jahren verlassen hatte, um ins
Ungewisse zu pilgern.

Wie hatte sich seitdem die Welt verändert!

Nicht die Welt Heidelbergs; die war, mit Schloßruine und
abendlich beglänztem Fluß, mit ihrer alten Giebel Flucht
und Herbsteshauch, die selbe geblieben; aber seine Welt war
eine andere geworden. Lilis Bild, einst süße Qual, hatte das
neue Charlottens verdrängt: ruhig hatte er die frühere
Geliebte, jetzt Frau von Türkheim und glückliche Mutter, in
Straßburg sehen und sprechen können. Auch Friederike

hatte er in Sesenheim besucht, und sein Herz war unbewegt geblieben: »Da ich iezt so rein und still bin wie die Luft, so ist mir der Athem guter und stiller Menschen sehr willkommen,« hatte er Frau von Stein geschrieben ...

Der Jüngling war eben zum Mann geworden, der »in Friede mit den Geistern« seiner Jugend lebte.

Noch einmal hatte Heidelberg ihm nun die Erinnerung dieser dumpfen Jugendtage geschenkt, das bröckelnde Schloß ihm von den Gesellen erzählt, mit denen er hier einst in seliger Torheit kraftgenialisch gelärmt, das kleine Haus der Demoiselle Delph ihn an die Nacht gemahnt, da ihn das Posthorn aus Schlaf und wirrem Traum gejagt ... Es war einmal! Das ist in unsichtbaren Lettern auch unter jener Zeichnung des gesprengten Turms vom 23. September 1779 zu lesen, die ihn nun nach Weimar begleitete — einziges Zeichen dieses Aufenthalts in Heidelberg von 1779, das wir besitzen.

Und der es in versonnener Stunde angefertigt, der war nicht mehr der wilde Dichter des »Götz« und des »Werther«, sondern der Geheimrat Goethe, rechte Hand und Ein und Alles Carl Augusts. Denn am 6. September dieses Jahres hatte der Herzog wider allen Brauch und Sitte dem baß Verwunderten und drob von den Schranzen in Weimar nur noch mehr Beneideten und Gehaßten den »Geheimdenraths Titel« gegeben.

———————

Goethe an Christiane aus Heilbronn am 28. August 1797: »Den 26., an einem außerordentlich klaren und schönen Tag, blieb ich in Heidelberg und erfreute mich an der schönen Lage der Stadt, die am Neckar zwischen Felsen, aber gerade an dem Puncte liegt, wo das Thal aufhört und die großen fruchtbaren Ebenen von der Pfalz angehen.«

Goethe an Christiane ... ja, in den achtzehn Jahren, die

seit der zweiten Schweizer Reise ins Land gegangen waren, hatte sich das Leben des Dichters wunderlich genug gestaltet. Vieles war längst wieder zu Traum und Vergangenheit geworden, was einst beglückende und quälende Wirklichkeit, sonnenreiches Heute gewesen. Wo war Charlotte von Stein, die gütige, die liebevolle Gefährtin in so manchen Wirrnissen? Vergessen? Nein, das nicht. Aber fremd und kalt geworden. Sie hatte es nicht ertragen können, daß eine Christiane Vulpius an ihre Stelle trat, als Goethe 1788 verjüngt, ein neuer Mensch mit neuen Ansichten und Sehnsüchten, aus Italien nach Weimar heimkehrte, und hatte sich grollend zurückgezogen. Dann war zwar wieder aus der Mißgunst, die neidisch das friedliche Glück am Frauenplan beschielte und behechelte, eine blasse Freundschaft geworden ... der kleine August, Christianens Sohn, hatte den Weg zum Herzen der Verbitterten gefunden. Aber die alte Liebe blieb gestorben: Christiane, so wenig sie, ein bescheidenes Naturkind aus kleinbürgerlichen Verhältnissen, auch geistig mit Charlotte wetteifern konnte, war in menschlicher Hinsicht die Nachfolgerin »Lidas«. Und diese lebte eigentlich nur noch als Iphigenie und Eleonore in Goethes ewigen Dichtungen. Sonst war sie eine Tote, das Haus an der Ackerwand eine Gruft.

An wen also sollte Goethe schreiben, wenn er auf Reisen war und die Begebenheiten des Tages vertrauten Herzen erzählen wollte? An Christiane, die Frau. Denn wenn Christiane dies vor der Welt auch nicht war, erst 1806 wurde, für Goethe selbst war sie schon längst nicht mehr das »arme Geschöpf«, dem er Empfindungen gönnte, sondern die Frau, die Mutter seines Sohnes, die er mit voller Inbrunst liebte.

Aus diesem ruhigen Familienleben heraus hatte er, alter Sehnsucht folgend, eine neue Schweizer Reise vorbereitet, eine dritte, und vielleicht sollte sie gar, zum großen Kummer

Christianens, nach Italien führen. Am 7. Juli 1797 meldete er
dem Freunde Heinrich Meyer nach Stäfa am Züricher See, er
würde bald »so los und ledig als jemals« sein. »Ich gehe
sodann nach Frankfurt mit den Meinigen, um sie meiner
Mutter vorzustellen, und nach einem kurzen Aufenthalt
sende ich jene zurück und komme, Sie am schönen See zu
finden ...«
Und so geschah's.

Frau und Kind wurden der stolzen und gerührten
Großmutter gezeigt, zwei Tage später wieder nach Hause
geschickt, nach kurzen Wochen verließ auch Goethe
Frankfurt, um über Stuttgart und Tübingen nach Zürich zu
reisen. Und auf dieser Reise kam er auch, zum viertenmal in
seinem Leben, nach Heidelberg.

Herbsttage? Nicht ganz. Mehr ein feierlicher, milder
Nachsommer, ein sattes Lächeln. Aber herbstlich waren die
Gedanken, die Goethe bewegten, herbstliche Reife atmeten
die Briefe, die Christiane und die Freunde erhielten.

Noch wohnte die »mütterliche Freundin«, die Beraterin
seiner Jugend, in dem kleinen Haus am Markt neben der
Hofapotheke, alt geworden, aber nicht weniger
unterhaltsam. Und noch einmal stand wohl tote Zeit auf, da
er sie besuchte. Aber im übrigen hatte er vergessen und
wollte auch nicht erinnert sein. Sein Auge, das in den
verflossenen Jahren so vieles gesehen, sah jetzt das Leben
anders an, kühl, ruhig, leidenschaftslos, von der hohen
Warte des in Stürmen und Kämpfen gereiften Mannes, des
Dichters, den eine Welt bewunderte und beneidete, des
Sammlers vor allem, der reiste, um seine Akten und
Schränke zu bereichern. Was sollte ihm da das Gestern?

»Ich ging in die Stadt zurück, eine Freundin zu besuchen,
und sodann zum Obertor hinaus,« heißt es über Heidelberg
in der »Reise in die Schweiz 1797«, die Goethe 1823 mit
Eckermann aus Tagebuchnotizen und alten Manuskripten
zusammengestellt hat. Oder: »Ich ging in Erinnerung

früherer Zeiten über die schöne Brücke und am rechten Ufer des Neckars hinauf ...« Die ganze übrige Schilderung dieses Aufenthalts in Heidelberg spiegelt restlos neue Empfindungen, und dies in der klugen, etwas steifen Prosa, die Goethe im Alter liebte, die aber bei aller äußeren Kühle von innerer Glut durchleuchtet und dichterisch beschwingt ist: ein Monument der Stadt von ergreifender Gewalt.

Und doch — war Goethe nicht immer der sinnlich erlebende, auch Totes immer wieder freudvoll und leidvoll nacherlebende Mensch? Er war es wohl auch damals. »Gegen Abend ging ich mit Demoiselle Delph,« so schließt die Schilderung, »nach der Plaine zu, erst an den Weinbergen hin, dann auf die große Chaussee herunter, bis dahin, wo man Rohrbach sehen kann ...« Ein Abendspaziergang, und aus der Neckarniederung stiegen die Nebel. Der Äther schwamm in Gold. Da mag auch ihn, den von der Heimat Gelösten, weichere Erinnerung befallen, die neben ihm Schreitende mit mancherlei Gespräch versunkene Zeit heraufbeschworen, Sehnsucht nach Frau und Kind ihm das Herz umschattet haben.

Aber davon wissen wir nichts. Wir wissen nur, daß diese ganze Schweizer Reise nicht die Hoffnungen erfüllte, die Goethe auf sie gesetzt hatte und daß er sie vorzeitig abbrach. Er erhielt nicht Christianens, Christiane nicht seine Briefe. Das Band mit zuhause war zerrissen, und das ertrug er nicht. »Ich kann aber auch wohl sagen,« schreibt der Heimkehrende aus Tübingen am 30. Oktober nach Weimar an Christiane, »daß ich nur um Deinet- und des Kleinen willen zurückgehe. Ihr allein bedürft meiner, die übrige Welt kann mich entbehren.«

Die übrige Welt hätte diese Ansicht schwerlich geteilt. Nicht 1797, da auch schon genug vorging, was ihr Interesse hätte von Kunst und Literatur abziehen können, und nicht später, da sie ganz aus den Fugen ging. Oder da, wie eben dieser Goethe selbst die wilden Geschehnisse der Zeit von 1806 bis 1814 im Spiegel weniger Verse auffing, Nord und West und Süd zersplitterten, Throne barsten, Reiche zitterten ... denn über Zusammenbruch und Erhebung hinaus blickte sie in immer gleicher Ehrfurcht nach Weimar, wo in stiller Zurückgezogenheit ihr größter Dichter als »Statthalter der Poesie auf Erden« residierte.

Aber gerade in dieser stillen Zurückgezogenheit, die mancher Teilnahmlosigkeit schalt und die in Wahrheit doch, wie des »Epimenides Erwachen« bewies, leidenschaftliches Miterleben war, bereitete sich 1814 neue Wandlung vor. Östlicher Hauch war aus dem fernen Persien in die Stuben am Frauenplan gedrungen, der Mund, der solange Genüge daran gefunden, in klassischem Versmaß zu sprechen, versuchte sich in Hafisliedern, die von Wein und Liebe und duftenden Wundernächten erzählten; und gegen die erhabenen Schatten der Antike, die seit der italienischen Reise allein die Gefühls- und Geschmackswelt Goethes bevölkerten, rückte gleichzeitig die farbenfrohe Kunst des deutschen Mittelalters an ... sie siegte nicht, nein, dazu hing der »Heide« Goethe in zu tiefer Liebe an den verlorenen Göttern jener untergegangenen Welt. Aber sie behauptete sich daneben, aufs neue stiegen aus der fernen Jugend die Türme des Straßburger Münsters auf, und der Torso des Kölner Domes ließ gotische Musik in die schwülen Bülbül-Melodien des nun entstehenden west-östlichen Diwans hineinklingen. West-östlich wahrhaft wurde das Klima, das

Goethes Leben und Dichten in diesen Jahren lyrischer Wiedergeburt umduftete. Sie stehen unter dem Zeichen: Heidelberg und Marianne.

Denn wieder war es, wie schon früher oft Wendepunkt und Lebensstation, die Neckarstadt, die, selber ewig jung, Blut und Seele des Altgewordenen verjüngte, gelassen das »Stirb und Werde!« sprach, nach dem die »wiederholte Pubertät« Goethes verlangte.

Dort wohnten seit 1810, wo sie von Köln nach Heidelberg übergesiedelt waren, die Brüder Boisserée: Sulpiz und Melchior, die, beide fromme Katholiken und leidenschaftliche Liebhaber der alten deutschen und niederländischen Malerei, eine wundervolle Gemäldesammlung besaßen. Dieser toten Welt die Neigung Goethes zu gewinnen, der ihnen als Heros galt, in Goethe, dem gefeierten Dichter, einen Anwalt zu finden auch für ihre Bestrebungen, den verfallenden Dom der Vaterstadt neu aufzubauen und zu vollenden, betrachteten sie als Lebensaufgabe. Und es gelang ihnen. Der erst und lange Ablehnende gab endlich nach, und als ihn Not des Leibes im Spätsommer 1814 zur Kur nach Wiesbaden führte, besuchte er die neuen Freunde in Heidelberg. Die wenigen Tage, die er dort vom 24. September bis zum 9. Oktober 1814 verlebt, wundervolle Herbsttage, die rotes Gold um Schloß und Stadt häuften, gewannen ihn ganz. Derweilen draußen die ersten Blätter müde von den Bäumen fielen, schenkten ihm die Bilder im Boisseréeschen Hause, unermüdlich betrachtet, wie er später in der »Reise am Rhein, Main und Neckar« gestanden, »eine neue, ewige Jugend«. Schönste Begleitmusik dieser erlebnisreichen Tage aber sind die Briefe an Christiane. Sie spiegeln in rührender Treue und Einfalt die starken Empfindungen des Fünfundsechzigjährigen, der kränkelnd, wenn auch geistesfrisch, dem Zureden seiner besorgten Frau folgend, Weimar am 25. Juli verlassen hatte und nun in Wiesbaden auffällig rasch gesundete. So gründlich gesundete, daß er auch die Vaterstadt, wo inzwischen der Tod reiche Ernte gehalten hatte und nun schon die zweite Generation den seltenen Gast feierte, mit ganz neuen Augen ansah, mit ganz frischen Sinnen von neuem in ihrer vielfältigen Geselligkeit erlebte. Und wieder liebgewann.

Bis dann endlich ein Brief aus Heidelberg vom 28. September Christiane meldete: »Bei Boisserées fand ich das lieblichste Quartier, ein großes Zimmer neben der Gemäldesammlung. August (— denn August hatte ja von 1808 bis 1810 in Heidelberg studiert —) wird sich des Sickingischen Hauses erinnern auf dem großen Platze, dem Schloß gegenüber. Hinter welchem der Mond bald heraufkam und zu einem freundlichen Abendessen leuchtete.«

Und so weiter, Tag für Tag, Bilder beschauend, spazierengehend und auch Erinnerungen nicht ausweichend. Denn wenn er da der fernen Hausfrau erzählt, wie ihn an einem Oktobermorgen der schönste

Sonnenschein früh aufs Schloß gelockt, wo er sich »in dem Labyrinth von Ruinen, Terrassen und Gartenanlagen ergötzte und die heiterste Gegend abermals zu bewundern Gelegenheit hatte«, so muß dem alten Herrn die Vergangenheit genaht sein, Vergangenheit »mit allen Rausch- und Tränengaben«, und aus den zerfließenden Herbstnebeln muß ihn, während rings die Kastanien fielen und herber Odem die alten Mauern umstrich, das Bild Lilis angelächelt haben ...

Das Bild Lilis? Oder lächelte nicht vielleicht dem Verjüngten ein neues Frauenbild?

Wieder gibt ein Brief an Christiane Auskunft, am 8. August schon aus Wiesbaden abgesandt. Da heißt es, wenn auch wortkarg, unter anderem: »Schon vor einigen Tagen besuchte mich Willemer mit seiner kleinen Gefährtin.« Diese »kleine Gefährtin« nennt das Tagebuch vom 4. August. Es war »Dlle Jung«, Marianne mit Vornamen, ein Pflegetöchterchen des Geheimrats von Willemer aus Frankfurt, das jener bald darauf, der zweiten Witwerschaft müde, zu seiner Frau machte, und dieser Besuch in Wiesbaden war die erste Begegnung Goethes mit ihr.

O wunderliche Verknüpfung der Geschicke ... Hatem hatte in Clemens Brentanos schwärmerisch gefeierter Biondetta seine Suleika gefunden.

―――――――――

Denn Goethe war Hatem geworden. Und blieb es treu, wenn auch nicht ganz so leidenschaftlich wie in jenen Tagen neu erwachender Liebe, sondern entsagungsvoll, bis zu seinem Lebensende. Als er von Weimar am 25. Juli 1814 in jenem »Fahrhäuschen«, das er in seinem Gedicht »Der neue Kopernikus« so anschaulich beschreibt, nach Wiesbaden reiste, war das erste Wort, das er in Eisenach in das geliebte Tagebuch eintrug, »Hafis«. Dieser Hafis hat ihn nicht mehr verlassen, bis er selbst ihn verließ, als nämlich der West-östliche Diwan vollendet war und in einem köstlich illuminierten Sonderdruck an Marianne-Suleika abging.

Dieser Tag der Vollendung aber lag damals noch fern; ihn herbeizuführen, hatte ihm das Schicksal eben jene Marianne von Willemer über den Weg geschickt, führte es den ganz in jugendliche Bewegung und lyrische Ekstase Zurückversetzten erst noch einmal an die Stätte so oft erprobten Heils: nach Heidelberg.

Das war ein Jahr darauf zu genau der gleichen Zeit.

Als Goethe sich im Herbst 1814 von Willemers, die sommers in der Frankfurt nahen Gerbermühle unweit Oberrad am Main wohnten, verabschiedete, hatte er der anmutigen Frau des Freundes sein Stammbuch dagelassen. Sie schickte es ihm nach Weimar mit den berühmten Versen: »Zu den Kleinen zähl' ich mich« ... Versen, die dann kühn gestehen:

> »Als den Größten nennt man dich,
> Als den Besten ehrt man dich,
> Sieht man dich, muß man dich lieben ...«

Diese Verse, im Tone noch halb schalkhaft, sind das erste Bekenntnis ihrer Neigung. Daß diese bald zu Liebe und mit Liebe beantwortet wurde, das klingt und singt der ganze Diwan, der nun in raschem Fluß entstand: die dreißigjährige Frau, die sich den vollen Liebreiz der Jugend bewahrt hatte, hatte das Herz des Dichters gewonnen.

So gab, als Goethe ein Jahr später — Christiane, die kränklich geworden war, weilte zur Kur in Karlsbad — sich zu einer neuen Rheinreise anschickte, Sehnsucht nach Marianne wundersam Geleit ... nicht zehrende Sehnsucht, wie sie in früheren Jahren ihn gequält, nein, eine frohe, die gleicher Gefühle bei der Geliebten gewiß war.

Heidelberg. Der Schloßaltan.

Am 24. Mai schon verließ Goethe diesmal Weimar. Wiesbaden war wieder notgedrungen die Zwischenstation. Frankfurt und Gerbermühle, wo er »freundlichst empfangen« wurde, schlossen sich Mitte August an. Und dann kam Heidelberg.

Wieder wohnte Goethe bei den Boisserées — die Delph war schon 1800 aus Heidelberg fortgezogen. Wieder blaute ein Herbst über Berg und Tal, wie ihn so schön nur Träume sehen: Rauschgold bestreute alle Wege, in den Gärten dufteten die späten Blumen, an den Spalieren reiften die Trauben, und die Mauern des alten Schlosses brannten in den Sonnestunden in verhaltener Glut. Köstlich war es, auf Altan und Terrasse zu wandeln, mittags auf schattenfreier Bank zu rasten oder nachts, wenn der Mond die nahen Zinnen, die Giebel der schlafenden Stadt, die Neckarniederung mit blassem Silberlicht beträufelte, ins Land zu sehen ... köstlich vor allem, weil Marianne, Gefährtin und Geliebte, bald diese Stunden teilte, sie adelte, ihnen Duft und sinnlichen Zauber gab.

Schon Frankfurt hatte den Zwiegesang von Hatem und

Suleika begonnen, — das Buch »Suleika« im Diwan tönt ihn wider, anhebend mit den Worten: »Nicht Gelegenheit macht Diebe ...« Es ist das erste der Wechsellieder, niedergeschrieben, als Goethe am 12. September in Willemers Stadthaus »Zum roten Männchen« weilte. Heidelberg, wo Marianne mit Mann und Stieftochter am 23. September eintraf, sehnsüchtig erwartet, wie sie selbst sehnsüchtig nach Goethe verlangte, steigert nun Frage und Antwort der Liebenden zu betörender Süßigkeit. Auch die Frau wird zur Dichterin, deren Verse Goethe durch Aufnahme in den Diwan als den seinen ebenbürtig erachtet ... Lieder wie das sehnsuchtsvolle »An den Ostwind« oder das ganz vom Schmerz des Abschieds verklärte »Ach, um deine feuchten Schwingen ...«

Das Tagebuch des Dichters, sonst so einsilbig und sachlich, schwärmt, wiederholt immer wieder: »Herrlicher Morgen ... Herrlichster Morgen ... Vollkommenster Tag.« Noch mehr verraten die Gedichte, die Tag für Tag entstehen, wie Tag für Tag — es waren ja nur wenige, denn der 26. September schon brachte die »Abreise der Freunde« — die Kleinigkeiten, die nur Liebenden gemein und offenbar, dazu Anlaß geben ... ob sie im Vollmond nun zusammen an der Altanbrüstung des Schlosses lehnten und sich gelobten, in der nächsten Vollmondnacht einander im Geiste nah zu sein; ob Goethe-Hatem »an des luft'gen Brunnens Rand« die Chiffre Suleikas in morgenländischen Lettern in den Sand zeichnete; ob sie im Schloßgarten den geheimnisvollen Gingo-Biloba-Baum wiederfanden, denselben Baum, von dem Goethe ein Blatt als Sinnbild der Freundschaft nach der Gerbermühle geschickt hatte; oder ob sie traumversunken lauschten, wie von denselben Bäumen ringsum die reifen Früchte auf den Boden klopften: alles wurde zum Lied.

»Du beschämst wie Morgenröthe«, preist der Dichter die geliebte Frau, »jener Gipfel ernste Wand, und noch einmal fühlet Goethe Frühlingshauch und Sonnenbrand.«

Und sie antwortet, selig hingegeben:

»Nimmer will ich dich verlieren!
Liebe gibt der Liebe Kraft.
Magst du meine Jugend zieren
Mit gewalt'ger Leidenschaft.
Ach! wie schmeichelt's meinem Triebe,
Wenn man meinen Dichter preist:
Denn das Leben ist die Liebe,
Und des Lebens Leben Geist.«

VAN EYCK. MARIA IN DER KIRCHE

Aber jedem Traum folgt ein Erwachen. Auch dieser Herbsttraum, dem eine gütige Sonne so wundervollen

»Frühlingshauch« gegeben, verflog. Wind lief über die Chiffre Suleikas im Sande und verwischte sie; Wind nahm dem Gingo-Biloba die Blätter; Wind trieb Wolken über den Mond, der dem Liebesflüstern von Hatem und Suleika geleuchtet. Wind verwehte auch den Kuß, den Goethe bei der letzten Zusammenkunft der jungen Frau auf Stirn und Mund gehaucht. Beide haben sich nie wieder gesehen. Der Traum war aus. Nur Briefe trugen noch in unschuldiger Geheimschrift verdeckte Schmeichellaute hin und her zwischen Weimar und Frankfurt ... viele, viele Briefe, erst Goethes Tod im Jahre 1832 ließ sie aufhören. Oft klingt der Name Heidelberg in ihnen auf. Denn immer, führten Reisen Marianne dorthin, meldete sie dem fernen Freunde es, beglückt noch durch die Erinnerung, die sie mit Schloß und Stadt verband, eine »andächtige Pilgerin«, die, wie sie 1831 an Goethe schreibt, die durch Freud und Leid geweihten Orte alle besucht und ein Blatt von der bekannten Gingo-Biloba zu sich gesteckt hat. Diese Briefe heiligen die Liebe Goethes zu Marianne, eine Liebe, die entsagte, ohne je genossen zu haben, in alle Ewigkeit.

»Blieb zu Hause,« heißt es in Goethes Tagebuch am 26. September 1815. Und dahinter steht: »van Eyk«. Die Bilder der Freunde boten also ersten Trost. Hielt er vor? Nicht recht. Andere Zerstreuung brachten die Ankunft Carl Augusts, ein Ausflug mit diesem nach Mannheim, eine kurze Reise mit Sulpiz Boisserée nach Karlsruhe. Aber schon am 6. Oktober erzählt dieser besorgt von Goethe: »Er ist sehr angegriffen, hat nicht gut geschlafen, muß flüchten.« Es ist der 6. Oktober, an dem Goethe den aufklärenden Abschiedsbrief an Willemer geschrieben: »... und ich eile über Würzburg nach Hause, ganz allein dadurch beruhigt, daß ich, ohne Willkür und Widerstreben, den vorgezeichneten Weg wandle und um desto reiner meine Sehnsucht nach denen richten kann, die ich verlasse.«

Schwere Trauer umschattet die ganzen Aufzeichnungen des Freundes aus diesen Tagen: der »Alte«, wie Boisserée sagt, war völlig aus dem Gleichgewicht gebracht, quälte sich und andere mit Todesahnungen, wollte sein Testament machen. Auch litt er unter Erinnerungen, die ihn bedrängten: die Bilder Lilis und Minchen Herzliebs traten klagend und anklagend trübe aus der Vergessenheit hervor.

Als erste Stürme Kälte brachten, verließ er, von Sulpiz sorgsam begleitet, Heidelberg. Am 7. Oktober. Auch Heidelberg hat er nie wieder gesehen. Aber es lebte in ihm. Die vielfachen Aufzeichnungen des Greises bezeugen es. Und die Strophen, die der Einsame 1828 in Dornburg, wohin er sich nach des fürstlichen Freundes Tod geflüchtet hatte, »dem aufgehenden Vollmond« gewidmet hat, sie bauen zwar Saale-Landschaft auf, aber sie muten ganz an wie ein sanfter Nachklang der Heidelberger Zeit, da eine »überselige« Nacht ihn nicht alleine sah, das »Liebchen« Marianne noch nicht fern war.

Die drei Schlösser Dornburg

Es spricht sich aus der stumme Schmerz,
Der Äther klärt sich blau und bläuer —
Da schwebt sie ja, die goldne Leier,
Komm, alte Freundin, komm ans Herz.

Goethe

Wer von Berlin nach München fährt, sieht bald hinter Kösen auf steiler Bergeshöh hart an der Saale drei Schlösser liegen. Das mittlere, ein zierlicher Rokokobau mit hellen Fenstern, steht zwischen dem uralten Gemäuer der beiden anderen wie ein lichter Traum. Das sind die drei Schlösser Dornburg. Der Zug rast hochmütig daran vorbei, gerade, daß das Auge den Stationsnamen erhascht. Und in der Erinnerung bleibt ein Landschaftsbild von eigenartig feinem Reiz.

Dornburg? Ein Name wie so viele andere. Kaum einer, der ihn kennt, kaum einer, der stutzt und an Goethe denkt. Denn die Vielen wissen noch immer nichts von ihm, der dieses ganze Land zwischen Saale und Ilm auf ewige Zeiten geweiht hat. Und doch schwingt auch hier verklärender Schimmer um Turm und Giebel, und mögen Wein und wuchernder Efeu die drei bescheidenen Schlösser über der Saale noch so dicht und heimlich umranken, ihr stiller Zauber bleibt. Der Name Goethe triumphiert über alle Vergessenheit.

Den Weimar-Pilger führt der Weg über Jena nach Dornburg. Nicht dem brausenden D-Zug erschließt sich diese ganze stille Welt, nur dem gemächlichen

Wanderschritt.

Schon die Stadt an der Ilm hat mit ihren weihevollen Erinnerungen süße Ruhe über das Herz gebreitet. Nun ist man auf ein Weilchen in Jena untergetaucht. In die engen Gassen, die winkligen Plätze schicken die grünen Berge ringsum Waldesduft und köstliche Frische. Aber unablässig spricht die Vergangenheit in alles Gegenwärtige hinein, die schmucklosen grauen Häuser der Altstadt mit ihren verwunschenen Höfen und Gärten atmen den Hauch einer toten Zeit aus, und man braucht nicht erst auf die abgelegenen Friedhöfe hinter dem Botanischen Garten zu gehen, um den Schatten der Goethe- und Schillerzeit zu begegnen und sich in die Tage der Romantiker zu verlieren. Man wird auch so auf Schritt und Tritt daran gemahnt. Und verwundert steht man vor den jetzt fast armselig anmutenden Stätten, von denen aus einst deutscher Geist die Welt umspannte und in deren weltverlorener Heimlichkeit die großen Dichtungen entstanden, die noch jetzt unserem ganzen Schrifttum Ziel und Richtung geben. Wie für uns, so war auch für Goethe fast immer Jena Station, wenn er nach Dornburg fuhr, der alten »Felsenburg«, wie er es in einem späten Brief an Knebel nennt. Bei diesem, der am »Paradies« an der Saale ein »paradiesisches Heim« hatte, wohnte er dann meist. »In Jena, in Knebels alter Stube, bin ich immer ein glücklicher Mensch, weil ich keinem Raum auf dieser Erde so viele produktive Momente verdanke!« schreibt er 1802 an Schiller.

Stillste Augenblicke schenkt der Prinzessinnen-Garten, der sich in Terrassen oberhalb des Botanischen Gartens hinzieht. Die Einsamkeit häkelt hier fast gespenstisch um Strauch und Baum, verhaltene Melancholie weint um das kleine gelbe Schloß mit den verschlossenen Türen und Fensterläden. Nirgends aber spürt man den Bann der alten krausen Stadt so tief wie hier, wo sie einem zu Füßen liegt. Wie ein leichter Nebel schweben da die Erinnerungen über ihren Dächern und Türmen, und was einst lebenslustig und versonnen in ihren Gassen dahin trieb, wird nun dem träumenden Auge zu einem geisterhaften Schattenspiel der Lüfte, zu einem wunderlichen Schemenreigen, in dem der ernste Goethe der verführerischen Caroline Schlegel die Hand reicht und die heißblütige Sophie Mereau dem jungen Clemens Brentano erste Liebesblicke sendet, in dem Schiller und Tieck seltsame Partner sind und der greise Wieland Lotte von Schiller gewagte Dinge ins Ohr flüstert.

Ein Schattenspiel ... wie das ganze Jena trotz Zeiß, Haeckel und Diederichs etwas Schattenhaftes hat. Man fühlt sich tief in tote Zeit verstrickt. Und erst, wenn die Saalewiesen schimmern, der Kranz der hohen Berge sich zu freier Landschaft öffnet, unter Brücken der unbehinderte Fluß rauscht, fällt der Bann der alten Mauern wieder von einem ab. Und so wandert man auf Dornburg zu, gesegnet, vorbereitet durch das Erlebnis Jena, das leise in grünen Tälern versinkt.

***

Auch in Dornburg schläft Geschichte. Das alte Schloß, ein wuchtiger Bau aus grauer Vorzeit, der wie ein Bild von Hoffmann von Fallersleben anmutet, steigt aus uraltem Wald. Steinstufen führen durch eine romantische Schlucht aus dem Tal, aus dem roten Dächergewirr des Dorfes hinauf. Oben braust der Wind. Am Abhang ziehen sich morsche Terrassen hin, über die im Sommer Flieder und Rosen hängen, im Herbst die blauen Weintrauben. Um winzige Fenster und Mauerlöcher rankt wild der Efeu. Der Blick klettert staunend an Mauern empor, die für die Ewigkeit gefügt erscheinen. Jahrhunderte haben daran gebaut. Die Sage erzählt, daß Heinrich der Vogeler die Burg als Grenzfeste gegen Sorbenhorden errichtet hat. Möglich! In der Tat reichen Bauteile, so die Fundamente des Turmes und

194

eine Küchenesse, bis ins 11. Jahrhundert zurück. Noch jetzt ist das Schloß ganz malerisches Mittelalter, und die modernen Menschen, die nun drin hausen, die es vom weimarischen Staate irgendwie gepachtet haben und bevorzugten Fremden im Sommer Pension gewähren, nehmen sich seltsam genug in dieser zeitfernen Umgebung aus. Die Stürme jedenfalls, die im Bauernkriege an die ungefügen Mauern brandeten, sind längst verweht, die Turmglocke, die einstmals gegen wilde Kroatenhorden wimmerte, schläft, und in dem Hofe, wo vor vielen hundert Jahren die Sachsenkaiser Land- und Reichstage abhielten, stolzieren nun gravitätisch die Hühner umher. Der Frieden wohnt hier jetzt. Und in der zerbrochenen Laterne auf dem einen Torpfeiler wächst wilder Wein. Schlaf hält das alte Schloß gefangen.

Ein paar Schritte weiter tut sich eine andere Welt auf. Mittelalter wird zu Rokoko. Aus Rosenhecken wächst ein kleines Sanssouci. »Schlößchen Dornburg« nennt es Goethe in seinen Briefen. Hier wohnten die »Herrschaften«, wenn sie in Dornburg waren, das 1672 an die weimarische Linie der sächsischen Herzöge gefallen war, und höfische Luft schwingt noch jetzt um den zierlichen Bau, den Garten und die Terrassen. Der Herzog Ernst August, der Großvater Carl Augusts, hat das Schloß um 1740 herum von dem Italiener Struzzi erbauen lassen. Mit seiner gelblich getönten Verputzung, den hellen Fensterumrahmungen, den vielen Ballons, dem schöngeschweiften Kuppeldach wirkt es neben dem finsteren, nur auf Schutz und Trutz berechneten Gemäuer des alten Baus doppelt leicht und graziös. Der Duft galanter Feste weht hier, und die Phantasie ist nur zu gern bereit, die reizenden Säle, die schönen Vorplätze, den Garten mit seinen Hecken und verschlungenen Wegen, den wundervollen Altan, das »Fünfeck« Goethes, mit Reifrockdamen und bezopften Herren zu bevölkern ... das »Rosenfest« pflegte der weimarische Hof hier ja alljährlich zu feiern, und noch zu Goethes Zeiten siedelte die zarte, blasse Großherzogin Luise jedes Jahr für einige Zeit mit ihrem ganzen Hofstaat nach Dornburg über.

Jetzt steht das kleine Lustschloß auch längst verwaist, die Zimmer sind mit kostbaren Erinnerungen aller Art und Zeiten überladen, das Ganze ist, wie so viele andere unbenutzte Schlösser, ein Museum geworden, und über das gleißende Parkett, über das einstmals die Stöckelschuhe trippelten und die seidenen Schleppen rauschten, schlürft nun nur noch gelegentlich in Filzpantoffeln der Fremde, der eine abgelebte Zeit aus toten Dingen beschwören will.

Und wieder ein paar Schritte ab das dritte Schloss, das »Goethe-Schloß«. Ein ernster Bau in deutscher Renaissance. Mit drei barocken Giebeln schaut es weithin ins Tal, die schweren, braunen Mauern wuchten unmittelbar aus dem steil abfallenden Felsen herauf, kein Weg führt, wie doch bei den anderen beiden Schlössern, am Abgrund hin, nur die Weinreben ranken ein wenig aus der schwindelnden Tiefe. Ursprünglich wohl ein Kloster, wurde es dann ein Freigut, das nach seinem letzten Besitzer allgemein das »Strohmannsche Freigut« genannt wurde und noch genannt wird. 1824 erst wurde es von Carl August käuflich erworben, der auf Goethes Anraten hin sofort die schmale beschwerliche Wendeltreppe, die in einem erkerartigen Turm der Hinterfront zu den beiden Geschossen führt, sperren und dafür eine schöne, bequeme Freitreppe einbauen ließ. Breite, weitläufige Treppen waren ja von jeher eine Leidenschaft Goethes — man denke nur an die prachtvolle Treppe, durch die er, auch nachträglich, seinem Haus am Frauenplan den palaisartigen Charakter gab.

Das sind die drei Schlösser, die unter dem Namen Dornburg nun zu einem Begriff verschmolzen sind. Kühn und unvermittelt hängen sie, Wind und Wetter zum Trotz, über dem schroffen Abgrund, weithin das Saaletal beherrschend, in ihren Fenstern spiegeln sich die Wolken, um ihre Zinnen fliegen die Vögel. Sie sind in Gärten gebettet, die man vom Tale aus nur ahnen kann, in weiche, grüne Gärten, die im Frühling, wenn der Flieder blüht, ein einziges violettes Meer sind. In Kaskaden schäumt dann der Blütenüberschwang über die Terrassen, die den Abgrund säumen. Und die ganze Nacht singen hier die Nachtigallen.

Hinter den Gärten, durch schöne schmiedeeiserne Barockgitter und niedrige »Kavalierhäuser« von ihnen getrennt, liegt die Stadt Dornburg. Die Stadt? Ein Städtchen, zierlich und kurios wie aus einer Spielzeugschachtel, und auch so sauber und adrett. Da gibt es einen weiten Marktplatz mit Linden und einem Ententeich und einem Rathaus, das ein spitzes Türmchen krönt. Einen Ratskeller, eine Kirche und eine Apotheke, die noch vor kurzem eine »Hofapotheke« war ... Auch ein Kammergut ist da. Und kommt man vom Dorfe herauf durch den Wald, der das alte Schloß umrauscht, so gelangt man in die »Stadt« durch den Wirtschaftshof eben dieses Kammerguts, von Schweinen angegrunzt, von Gänsen angefaucht, von Hühnern umgackert, von Hunden bekläfft, und ist um so verdutzter, dann diese reizende Duodezausgabe einer kleinen Residenz zu finden.

Immer aber rauscht im Tal die Saale. Ein breites Silberband, schlängelt sie sich durch Weidengebüsch und Wiesen, sanfte Berge begrenzen das Paradies. Eine breite Steinbrücke führt über den Fluß zum Dorf Naschhausen, zum »Blauen Schild«, wo man Forellen ißt. So war es immer schon, so wird es bleiben.

Und noch einmal: nicht dem brausenden D-Zug erschließt sich diese stille, träumende Welt, nur dem gemächlichen Wanderschritt.

Am 14. Juni 1828 war Carl August auf der Rückreise von Berlin, wohin der seit Jahren Kränkliche gegen den Rat der Ärzte im Mai gefahren war, um seinen ersten Urenkel, den späteren Prinzen Friedrich Karl von Preußen, zu sehen, in Graditz bei Torgau rasch und unvermutet gestorben.

Goethe empfing die Trauerkunde bereits am Mittag des 15. Juni — wie das Tagebuch verzeichnet, hatte er gerade Gäste bei sich, »die Tyroler sangen bey Tische«, und »die Nachricht von dem Tode des Großherzogs störte das Fest«.

Lakonischer konnte die Aufzeichnung unmöglich lauten.

Und doch hat ihn die Nachricht, die ihm sein Sohn schonend beibrachte, aufs tiefste erschüttert, wie tief, das deuten ein paar weitere Worte des Tagebuchs vom gleichen Tage an: »Gar manches andere im traurigen Bezug«, und klarer noch geht es hervor aus der schmerzlich bewegten Schilderung Eckermanns, der ihn am Abend noch einmal sprach. »Er schien zu fühlen,« erzählt Eckermann in den Gesprächen, »daß in sein Dasein eine unersetzliche Lücke gerissen worden. Allen Trost lehnt er ab und wollte von dergleichen nichts wissen.« Wie immer in solchen Fällen, verlangte seine Seele schnell nach Einsamkeit; fern dem lauten und letzten Endes doch immer gefühllosen Treiben der Welt, in der Stille der Natur, so wußte er, würde er am ehesten das so schwer gestörte seelische Gleichgewicht wiederfinden.

Und er fand es in der Einsamkeit von Schloß Dornburg. Wohl mußte er erst noch furchtbare Tage in Weimar über sich ergehen lassen, notwendige Besprechungen aller Art, die Vorbereitungen für die Trauerfeier und die Beisetzung, Kondolenzbriefe an die Großherzogin Luise und den zehnjährigen Erbgroßherzog Carl Alexander nahmen ihn ganz in Anspruch, und während er in einem Briefe an den Bonner Professor Nees von Esenbeck schreibt: »Meine Empfindungen sind wortlos!« und sein Schreiben an den Erbgroßherzog in die trauervollen Worte ausklingen läßt: »Auch dieses Spärliche hat mich viel gekostet, denn ich scheue mich, an dasjenige mit Worten zu rühren, was dem Gefühl unerträglich ist,« mußte er die Geduld aufbringen, Stieler, der ihn damals gerade, eigens aus München dazu nach Weimar berufen, malte, unermüdlich weiter zu sitzen

... Immer wieder stößt man in diesen unruhvollen Wochen im Tagebuch, unter sichtlicher Vermeidung des Wortes »Tod«, auf Ausdrücke wie »das Notwendigste des Augenblicks«, »das Nächstvergangene und Zunächstbevorstehende« und »das traurige Ereignis«, und ein langer Brief an die in Karlsbad weilende Schwiegertochter Ottilie schildert noch einmal, zusammenfassend, in ergreifenden Worten die ganze lastende Schwere dieser Tage. Dann aber verzeichnet das Tagebuch am 3. Juli, fast froh, die »Vergünstigung eines Aufenthalts in Dornburg«, und am 5. schon meldet Goethe sich »auf Montag« bei Knebel, dem alten Freunde junger, längst verrauschter Jahre, der seit langem in Jena wohnte, an.

Am 7. endlich, gegen Abend, traf er in Dornburg ein, wo ihn die heißersehnte Stille empfing.

———

Vor über fünfzig Jahren war Goethe, damals noch von allem Reiz der Jugend umstrahlt, zum erstenmal in Dornburg gewesen. Jetzt kehrte er, ein Greis, an die geliebte Stätte zurück, um still für sich den zu betrauern, der ihm in jungen Tagen gemeinsamen Glücks die wundervolle, weltverlorene Schönheit dieses Stückchens Erde erschlossen hatte.

Die Legende erzählt, daß Goethe und Carl August Anno 1776 von Apolda aus hierher geritten sind, auf einem der vielen wilden Ausflüge, die der junge, lebenslustige Fürst und der Dichter des »Werther« damals so gerne machten, um dem steifen, höfischen Leben von Weimar zu entfliehen. Oktober war es, und die steilen Saalehänge lagen im Rauschgold des Herbstes. Der Weg war beschwerlich. Verlockend zwar winkten von der Höhe des Berges, tief in bronzebraunes Laub gebettet, die drei Schlösser, aber die

Pferde waren müde. Verdrießlich fragte Goethe, dessen in neue Liebe verstricktes Herz nach der Stein bangte und dem der gerade Weg nach Weimar der liebste gewesen wäre, den Freund: »Du führst mich ja einen bösen Weg. Wird's sich auch lohnen?« Und »Warte nur!« entgegnete ihm Carl August, der seiner Freiheit froh war und kein so dringendes Gelüsten nach dem dumpfen, stickigen Weimar trug, »wenn wir oben sind, wirst du's sehen!«

Und ja, es lohnte sich! Goethe, von jeher für landschaftliche Reize empfänglich wie kein anderer, war hingerissen. Das hatte er nicht erwartet, und jeder, der zum erstenmal von den Terrassen der Dornburgschen Schlösser aus auf das in friedvoller Ruhe daliegende Saaletal herniederblickt, wird es verstehen, daß Goethe zeit seines Lebens mit immer gleicher Liebe an diesen Schlössern, dieser Landschaft hing. Damals ruhte er, alter lieber Gewohnheit folgend, nicht eher, als bis er den großen Eindruck, den die drei auf steilster Bergeslehne thronenden Schlösser auf ihn gemacht hatten, im Bilde festgehalten hatte. Die kleine Bleistiftzeichnung, die jetzt das Goethe-Nationalmuseum in Weimar mit vielen anderen von Goethes Hand als kostbarstes Vermächtnis aufbewahrt, schickte er, in Gedanken ja doch immer bei Charlotte von Stein weilend, sofort an diese nach Kochberg, und auf die Rückseite des Blattes schrieb er dazu die wenigen Worte

> »Ich bin eben nirgend geborgen,
> Fern an die Saale hier
> Verfolgen mich manche Sorgen
> Und meine Liebe zu dir.

Dornburg 16. Oktbr. 76.«

Diese kurzen Verse und die Zeichnung sind die ersten wirklichen Belege für Goethes Bekanntschaft mit Dornburg — vergeblich habe ich versucht, was die Legende so hübsch erzählt, durch Tatsachen zu erhärten, aber so ergiebig die Goethe-Literatur auch sonst ist, hier versagt sie. Der Briefwechsel mit Charlotte von Stein, der diese sehnsüchtigen Verse zwischen einen rührend hingebenden Abschiedsbrief an die »Madonna« und den leidenschaftlichen Hymnus des Dichters »An den Geist des Johannes Sekundus« stellt, und das Tagebuch mit den drei kargen Worten: »Dornburg. Camburg. Naumburg.« bleiben nach wie vor einzige Quelle. Aber gerade das Ungewisse — das auch Goethe selbst durch keine, auch nicht die kleinste Äußerung in seinen Schriften, Briefen und Gesprächen später aufzuhellen für gut befunden hat — breitet, wie um so vieles in seinem Leben, auch um diese Episode den Schleier der Verklärung, und was ihm selbst in seinem hohen Alter vielleicht Legende dünkte, bleibt es nun auch für uns.

—————————————————

Hat Goethe damals, als er im Juli 1828 in seiner großen, bequemen Reisekalesche von Jena die Saale abwärts nach Dornburg fuhr und, von der untergehenden Sonne in rote Glut getaucht, die drei Schlösser vor ihm auftauchten, jener fernen Zeit gedacht?

Sicherlich. Denn wenn er in Wirklichkeit auch allein im Wagen saß, als Schatten begleiteten ihn doch der treue Lebensgefährte, dem sie jetzt in Weimar in der kühlen Fürstengruft soeben das letzte Lager bereitet hatten ... und in Gedanken mögen die Lippen des greisen Dichters, während das große dunkle Auge in der von seligem Sonnenglanz erfüllten Weite hing, manch erinnerungsschweres Wort geformt haben, das dem toten Freunde und gemeinsam verlebten Stunden galt. Zwar jener erste Besuch auf Dornburg gehörte nun schon einer Welt, aus der fast alle, die sie einst belebten, längst ins Grab gesunken waren; aber da waren in den nun zurückliegenden fünfzig Jahren hundert andere gewesen, die ihn, allein und nicht allein, hierher geführt hatten, und sie alle spülte nun die Erinnerung wieder aus der Vergangenheit herauf, Fluch und Gnade in eins, und wunderlich vermengte sich in unbewußtem Nachdenken Altes, das er längst abgetan geglaubt, mit Neuem, das seine Seele jetzt bewegte.

Mit leisem Rauschen trieb neben ihm, im Getrappel der Pferde kaum vernehmbar, die Saale dahin, von grüner Wiese und schwankem Weidengebüsch sanft gehegt, nur manchmal, wenn sich aus den weichen Uferhängen starre Felsen drängten, in unwilligem Bogen ausweichend, dem Straße und Wagen folgen mußten. In den Ebereschen hingen schon rot die Beerendolden.

Er dachte nach. Ferne Zeiten dämmerten herauf, die Jahre, da sein Herz sich Tag und Nacht in heißer Sehnsucht nach der geliebten Frau in jenem stillen, großen Hause an der Ackerwand in Weimar verzehrte ... fast ging es, trotz der sommerlichen Wärme des Julitages, wie ein erkältender Hauch über ihn hin.

Da war der erste Besuch des Hofes, Anno 1777 im Juli ... die Herzogin kannte Dornburg noch nicht, und wie Knebel an den in Pyrmont weilenden Herder schrieb, soll sie geäußert haben: »Das ist der beste Tag, den ich noch hier gehabt habe. Es ist mir wie in einem schönen Traum.« Arme blasse Luise! Das Schicksal hat dir nicht viele solcher Tage in Weimar geschenkt, und oft genug magst du des heiteren »Frühstücks auf dem Fünfeck« gedacht haben, das ein »überherrlicher Morgen«, wie Goethe selbst damals in seinem Tagebuche jubelt, zu einer Stunde reinsten Glückes werden ließ ... Später hatte dann der Herzog seinen jungen Minister ein paarmal zur Rekrutenaushebung ins Land geschickt, zur »Auslesung« — keine angenehme Aufgabe, besonders nicht für einen Dichter, dessen Phantasie gerade um die hoheitsvollen Gestalten einer Iphigenie, eines Orest schwingt. Ungefähres zuckte schmerzlich durch sein Hirn.

Wir Enkel, die wir in den reichen Schätzen seines Erbes leben und atmen dürfen, wir brauchen nur wieder die Briefe an Charlotte von Stein aufzuschlagen und finden Gewisses. Da schreibt er am 2. März 1779 aus Dornburg an die ferne Geliebte: »Knebeln können Sie sagen daß das Stück sich formt, und Glieder kriegt. Morgen hab ich die Auslesung, dann will ich mich in das neue Schloß sperren und einige Tage an meinen Figuren posseln ... Jetzt leb ich mit den Menschen dieser Welt, und esse und trinke, spase auch wohl mit ihnen, spüre sie aber kaum, denn mein innres Leben geht unverrücklich seinen Gang.« Und zwei Tage später: »Auf meinem Schlößgen ist's mir sehr wohl, ich habe recht dem alten Ernst August gedankt, daß durch seine Veranstaltung an dem schönsten Platz, auf dem bösten Felsen eine warme gute Stätte zubereitet ist ... Die Tage sind sehr schön, die Gegend immer allerliebst.« Mit dem »Schlößgen« meint Goethe das mittlere der drei Dornburgschen Schlösser, den Rokokobau. Denn nur dieses konnte damals bewohnt werden, da in dem alten Schloß eine Barchentspinnerei untergebracht und das dritte, das Stohmannsche Freigut, eben noch Freigut war und noch nicht dem Herzog gehörte.

Und noch einmal taucht Dornburg in den Briefen an Frau von Stein auf. Das ist 1782. Wieder zwingt den Dichter, wie er in seinem Tagebuch offenherzig schreibt, »das alberne Geschäft der Auslesung zum Militär«, vier Wochen im Lande herumzureiten. Es ist März und die Frühlingsstürme blasen. So fürchtet er schon in Jena, daß das Zusammentreffen mit der Geliebten in Dornburg, das in Weimar verabredet worden war, nicht möglich sein werde. Und es wurde auch nichts daraus. Am 16. März geht dafür ein kurzer Brief aus Dornburg an sie ab, der seine bange Sehnsucht und Erwartung schildert — »jetzt da es Nacht wird sinkt mein Vertrauen nach und nach, und die Resignation tritt ein« — und ihr meldet, daß sein »Mieting« (das herrliche Gedicht auf Miedings Tod) fertig ist.

Inzwischen war auch der Herzog auf Dornburg angelangt, mit Briefen von Frau von Stein, die dem Dichter Beruhigung brachten. Ein Sonntagsbrief Goethes an sie meint nun: »Jetzt ist mir's lieber daß Du nicht gekommen bist. Der halbgeschmolzene Schnee zwischen den schwarzen Bergen und Feldern gibt der Gegend ein leidig Ansehn. Du sollst sie im Sommer zum erstenmal besuchen.« Und am Abend des gleichen Tages läßt ihn die Sehnsucht noch einmal zur Feder greifen: »Es geht morgen ein reitender Bote nach Weimar, so kannst du dies zum guten Tag haben ... Leb wohl, ich bin dein. Meine Seele schliest sich in sich selbst zusammen, wenn mir dein Anblick fehlt.« Der Tag wäre im übrigen still hingegangen, sie hätten geplaudert und gelesen, wären auch ein wenig spazieren gegangen. »Ich bin ganz leise fleißig, ich möchte nun Egmont so gar gerne endigen. Und seh es möglich.«

Das ist alles. Als Traum fliegt es durch die Erinnerung des sacht Dahinfahrenden, Verse aus Iphigenie, Worte aus Egmont, hier mit dem Blick auf die Saale und ihre Wälder und Felder geformt, klingen wie aus verschütteten Tiefen herauf. Die Schlußzeilen aus dem Mieding-Gedicht, hier einst gefunden, als der Märzsturm greulich die alten Felsen und Mauern umtobte, gewinnen neue Bedeutung, da ihr zauberischer Klang nun auch um ein anderes Grab schwingen darf:

»Fest steh dein Sarg in wohlgegönnter Ruh;
Mit lockrer Erde deck ihn leise zu,
Und sanfter als des Lebens liege dann
Auf dir des Grabes Bürde, guter Mann!«

Und leise aufstöhnend deckt der alte Herr im Wagen, der so aufrecht sitzt und dessen volles Kinn so gravitätisch in der schneeigen Binde ruht, die Augen auf einen Moment mit der Hand ... und denkt vielleicht auch daran, daß die, um die er hier in Dornburg und »soweit die Welt nur liegt« in zehrender Liebe gebangt hat, nie die Dornburger Gegend gesehen hat, die er ihr »im Sommer« einmal hatte zeigen wollen; daß auch sie seit fast zwei Jahren tot ist ...

Und das Bild einer anderen Toten steigt aus der Erinnerung, das hübsche Bild Christianens, seiner Frau. Frohe Tage bringt es mit sich, die ihr helles Lachen, ihr heiteres Geplauder, ihre stete Fürsorge für ihn verklärten. Wie oft ist er mit ihr und August in Dornburg gewesen! Damals prangte sie noch in allem Glanz der Jugend, war eine »gute Kleine«, und August war noch ein »Bübechen«. Auch das ist lange her! Der Briefwechsel zwischen Goethe und Christiane, den erst Hans Gerhard Gräf, nach unbillig langer Sekretierung, »für die Guten und nicht für die Bösen« endlich zugänglich gemacht hat, erzählt mancherlei von diesen harmlosen Ausflügen. War Goethe in Jena, so fuhren die Geliebte (die Goethe, wie aus früheren Briefen an Schiller hervorgeht, schon längst als seine Frau betrachtete, wenn sie das in Wirklichkeit auch erst 1806 wurde) und der kleine August oft von Weimar hinüber zu ihm, und immer schloß sich dann eine jener »Partien« nach dem nahen Dornburg an, die Christiane etwa dann die kindlich-reizenden Worte finden ließen: »Ich danke Dir noch herzlich für das vergönnte Späßchen!« und die in August, als er schon wohlbestallter Assessor und ein Lebemann dazu war, noch sehnende Erinnerungen weckten ... Da heißt es dann in Goethes Tagebuch immer kurz und lakonisch: »Mit den Meinigen nach Dornburg« oder: »... wir fuhren abends nach Dornburg«; aber die wenigen Worte sprechen für sich, und die Innigkeit des Tones verrät deutlich die reine väterliche Freude, die dem Dichter solche Familienausflüge gemacht haben müssen, zumal das zwanglose Landleben in Dornburg und der Jahrmarkt im nahen Lobeda, dessen Besuch nie versäumt wurde, der lebenslustigen Christiane Gelegenheit genug geboten haben werden, ihre Frohnatur zu zeigen.

Ihre Frohnatur ... und wieder finden sich willfährig Verse, die tröstend aus der Vergangenheit herüberklingen, als Schatten dem Träumenden den Blick verdunkeln wollen:

»Froh glänzend Auge, Wange frisch und roth,
Nie schön gepriesen, hübsch bis in den Tod.«

Ja, bis in den Tod, und was einst, als sie in »fürchterlichem Kampfe« starb, »Leere und Totenstille« in ihm ließ, das gestaltete dankbare Erinnerung zu »fröhlichem Vermächtnis«. Zu diesem fröhlichen Vermächtnis gehört auch Dornburg.

Und andere Tage gleiten dem Fahrenden durch den Sinn, Tage, da er, nun schon lange einsam geworden, allein in Dornburg weilte, nur in der Zwiesprach mit den stillen Pflanzen und den stillen Steinen Unterhaltung suchend, die ihm mit stummer Hingabe seine rätselnde Liebe lohnten. Wie war das doch damals gewesen, als er in Jena das Zettelchen des Kanzlers von Müller empfing, das ihn in kurzen, warmen Worten nach Dornburg lud? Zehn Jahre sind es gerade her, aber der Frühlingstag steht deutlich vor ihm. Wieder einmal war Dornburg ein Blütenmeer ... »Blüthenburg«, erzählt der Kanzler von Müller in seinen Unterhaltungen mit Goethe, »sollte man Dornburg nennen, denn Dornen fanden wir keine, aber duftende herrliche Blüthen in Menge.« Müller war mit Julie von Egloffstein, Goethes »schöner Schülerin«, von Weimar nach Dornburg gefahren und erwartete den Dichter in dem »allerliebsten Feenschlößchen, das am schroffen Felsabhange wie durch Zauberei aufgerichtet scheint«. Ernst und feierlich kam Goethe durch die Hecken des kleinen Gartens geschritten. Im weißblauen Speisesaal wurde das Mittagsmahl eingenommen, »auf derselben Stelle, wo einst vor sechzehn Jahren eine verwandte fröhliche Gesellschaft bei ähnlicher

Lustfahrt im heitern Übermut auf rosenbestreuten Polstern unter Gitarrenspiel und Gesang sich niedergelassen und dem Genius des Orts manch geflügeltes Wort und Lied geopfert hatte«. Und in heiterem Geplauder verging der schöne Sonnentag und endete in ernstem philosophischen Gespräch. »Es war als ob vor Goethes innerem Auge die großen Umrisse der Weltgeschichte vorübergingen, die sein gewaltiger Geist in ihre einfachsten Elemente aufzulösen bemüht war. Mit jeder neuen Äußerung nahm sein ganzes Wesen etwas Feierlicheres an, ich möchte sagen, etwas Prophetisches.«

So kam der Abend, die Luft war schwer von Blütenduft, in den Fliederhecken begannen die Nachtigallen zu schlagen. Der Himmel stand über den Bergen des weiten Tals in rosiger Bläue. Da erhob sich Goethe. »Laßt mich, Kinder,« sprach er, plötzlich vom Sitze aufstehend, »laßt mich einsam zu meinen Steinen dort unten eilen; denn nach solchem Gespräch geziemt es dem alten Merlin, sich mit den Urelementen wieder zu befreunden.« Und in seinen hellgrauen Mantel gehüllt, den er als Abendgewand so liebte (auch als er im Frühherbst 1815 bei Willemers auf der Gerbermühle zu Besuch weilte, trug er, wie Marianne von Willemer erzählt, immer abends seinen »weiß flanellenen Hausrock«), stieg er ins Tal hinab, vorsichtig Schritt für Schritt die morschen Stufen prüfend, ernst und feierlich, wie er am Mittag gekommen, aber jetzt in der schon leise fallenden Dämmerung eine geisterhafte Erscheinung. Hin und wieder blieb er ein Weilchen stehen, bückte sich nach Steinen, ließ Blumen und Gräser durch die schöne weiße Hand gleiten. Und manchmal klang zu den Zurückgebliebenen, die ihm wie gebannt nachsahen, gedämpft der Klang des Hammers herauf, mit dem er den starren, schweigenden Fels prüfte oder kleine Gesteinteile für spätere Forschungen abschlug ... und so entschwand er allmählich dem Blick, zerrann im Schatten der Berge, kein

Mensch mehr, nein, ein Gott, der mit der Natur um ihre tiefsten Geheimnisse rang ... Merlin der Alte, der Dichter des »Faust« und selbst eine faustische Erscheinung. »Wir aber fuhren,« so schließt Müller »unter traulichen Erinnerungsgesprächen durch das blühende Jenaische Tal froh und heiter nach Hause.«

Das war im April 1818 gewesen!

Jetzt schrieb man 1828. Wieder lag das Jenaische Tal in abendlichem Glanze, auf den Feldern wogte das gelbe Korn, und in dem unendlichen Himmel standen wie Pünktchen die Lerchen und erfüllten die laue Luft mit jubelndem Gesang. Statt des Flieders blühten auf den Terrassen der Dornburg-Schlösser die Rosen, man sah sie nicht, aber der Wind trug ihren Duft dem Wagen entgegen ... den schwachen Duft der zarten weißen und den starken der üppigen roten. Da kamen wieder die Erinnerungen, verklungene Rosenzeit stand auf und bedrängte das Herz des einsamen Mannes. In diesem Herzen war es Herbst, später Herbst. Von der langen Fahrt ermüdet, die Seele dumpf erfüllt von den »düstern Funktionen« in Weimar, sank er für einen Augenblick in sich zusammen: Schatten, wohin er sah, schattenhaft die Jahre, die vergangen, schattenhaft die Gestalten, die ihnen Qual und tiefster Lebensrausch gewesen! Von vielen, vielen Toten er der einzig Lebende! Kam nun auch für ihn die Nacht? Ein kühler Hauch vom nahen Mühlenwehr, an dem sie grad vorüberrollten, ließ ihn leicht erschauern ...

Die Pferde quälen sich den Berg hinauf, die Räder mahlen im Sande. Über dem Städtchen Dornburg schwanken die Abendschatten. Und schattenhaft auch das Schloß, das ehemalige Stohmannsche Freigut, als der Wagen endlich hält. Nur um die letzten Giebel hängt noch ein wenig blasse Sonne — so auch das alte Haus zu einem Symbol des eigenen Lebens gestaltend, denkt er. Goethes Sekretär John und der junge Hofgärtner Sckell empfangen ihn. Vor dem reichverzierten Renaissance-Portal stutzt sein Schritt, das Auge fesselt flüchtig ein lateinischer Spruch.

Wie lautet er?

>Gaudeat ingrediens laetetur et aede recedens
His qui praetereunt det bona cuncta deus.
    1608.«

Gaudeat ingrediens ... »Freudig trete herein!« murmeln seine Lippen, und wie ein leiser Trost tritt da vor das trauervolle Herz Hatems das Bild Suleikas.

Und an den Dienern vorbei, die Windlichter halten, schreitet Goethe, nun wieder ganz verhaltene Würde, gelassen über die Schwelle und verschwindet im Dunkel des Flurs.

Ruhe und Vergessen hat Goethe in Dornburg gesucht, beides hat er gefunden. Die Natur tat ein übriges und schickte ihrem Liebling wundervolle Sommertage. Hofgärtner Sckell — der über ein Menschenalter später diese Zeit in einem kleinen Buch mit dem Titel »Goethe in Dornburg. Gesehenes, Gehörtes und Erlebtes« geschildert hat — hatte ihm in dem neu erworbenen Schloß die sogenannte »Bergstube« im ersten Stock eingerichtet, die in der Südwestecke des winkligen Baues liegt. Das Zimmer ist heute wieder in genau dem gleichen Zustand wie damals, als Goethe es bewohnte. Das Eckfenster, aus dem der Dichter so gerne ins Tal geblickt hat, trägt auf seinem Rahmen unter Glas die Inschrift: »1828 vom 7. Juli bis den 12. September verweilte hier Goethe.«

Es ist ein ganz einfaches Zimmer, das in seiner Schmucklosigkeit lebhaft an Goethes Schlaf- und Arbeitszimmer in Weimar erinnert. Der Fußboden rohes Holz, die niedrige Balkendecke wie die Wände hellgrau getüncht. Auch die Möbel völlig schmucklos — ein brauner Arbeitstisch, ein Sekretär, ein paar Stühle, deren gestickte Polsterbezüge von Frau von Stein und Frau von Wolzogen stammen, zwischen den Fensterpfeilern ein Tischchen — das ist alles. Man betritt das ärmliche Gemach durch ein Empfangszimmer, das Kupferstiche und Büsten etwas wohnlicher gestalten. Aber auch dies Zimmer war nur für die Vertrauten, den Besuch vornehmer Gäste und Fremder nahm Goethe in dem benachbarten Rokokoschlößchen oder im Garten entgegen. Hinter der »Bergstube«, durch eine niedrige Tür damit verbunden, die Schlafkammer. Ein schmales Bett, ein grünes Sofa, ein paar Stühle, ein Schrank, über dem Bett wenige selbstgeschnittene Silhouetten, das ist auch hier das ganze Mobiliar.

Und doch hat sich Goethe in dieser ärmlichen Umgebung glücklich gefühlt, sehr glücklich sogar. Er lebte ja auch eigentlich nicht in den engen Zimmern, sondern draußen in der Natur. Die Terrassen, der Garten, der »Hain«, das weite

Saaletal, das war sein Reich. Wieder waren ihm die Pflanzen und die Steine die liebste Gesellschaft, in dem stillen, ungestörten Verkehr mit ihnen fand er die ersehnte Linderung für den großen Schmerz, den ihm der plötzliche Tod des fürstlichen Freundes bereitet hatte, gewann er die ruhige Kraft zu den strengen wissenschaftlichen Arbeiten, die auch hier seinen Tag ausfüllten, und tiefster Seelenrausch vor allem wurden ihm die lauen Augustnächte, wenn das weite Tal ihm zu Füßen im Licht des Vollmonds schwamm und die Berge mit silbernen Konturen gegen den geheimnisvoll durchleuchteten Himmel standen. In solchen Stunden fand sein beschwingter Mund Worte, die in ihrer schweren Süßigkeit an seiner jungen Jahre schönste Dichtungen gemahnen. Sehnsucht nach einer geliebten Frau tat auch diesmal das Ihre dazu. Als Goethe nämlich vor langen Jahren, es war im Herbst 1815, mit Marianne von Willemer und ihrem Mann in Heidelberg zusammen gewesen war, hatten sich die beiden Liebenden in einer dufterfüllten Vollmondsnacht versprochen, bei jedem zukünftigen Vollmond einander im Geiste nah zu sein. Der Hatem-Rausch war nun schon längst verflogen, die Zeit, von der die wundervollen Verse erzählen: »... und noch einmal fühlet Goethe Frühlingshauch und Sonnenbrand,« war längst im Spiegel des »West-Östlichen Diwan« eingefangen; aber die stille Neigung zu Suleika hatte der Jahre flüchtigen Lauf überdauert, und aufs neue erwachte sie, als Goethe nun in Dornburg, drei Tage vor dem Eintritt in sein achtzigstes Lebensjahr, nachts am Fenster seiner Bergstube stand und geblendeten Auges, aufs tiefste erschüttert, in die silberne Fülle des Mondes blickte ... er war im Geiste bei der Frau, die er seit jenem frühlingshaften Heidelberger Herbste nie wieder gesehen hatte. Vom 25. August 1828 stammt das Gedicht: »Dem aufgehenden Vollmond.« Es lautet:

»Willst du mich sogleich verlassen?
Warst im Augenblick so nah!
Dich umfinstern Wolkenmassen,
Und nun bist du gar nicht da.

Doch du fühlst wie ich betrübt bin,
Blickt dein Rand herauf als Stern!
Zeugest mir, daß ich geliebt bin,
Sei das Liebchen noch so fern.

So hinan denn! Hell und heller,
Reiner Bahn, in voller Pracht!
Schlägt mein Herz auch schmerzlich schneller,
Überselig ist die Nacht.«

Marianne erhielt das Gedicht am 23. Oktober von Weimar aus. Aber im Begleitbrief heißt es: »Mit dem freundlichsten Willkomm die heitere Anfrage: wo die lieben Reisenden am 25. August sich befunden? und ob sie vielleicht den klaren Vollmond beachtend des Entfernten gedacht haben? Beikommendes gibt, von seiner Seite, das unwidersprechlichste Zeugnis.«

Die Natur, die hier alles ist, war ihm wirklich alles. Er gab sich ihr ganz hin. Schon das erste Tagebuchblatt aus Dornburg meldet: »Früh in der Morgendämmerung das Thal und dessen aufsteigende Nebel gesehen. Bey Sonnenaufgang aufgestanden. Ganz reiner Himmel, schon zeitig steigende Wärme ... Abends vollkommen klar. Heftiger Ostwind.« Ähnliches findet sich Tag für Tag, und immer wiederholt sich die Bemerkung: »Auf der Terrasse spaziert.« Sckell erzählt, daß er stets schon um 6 Uhr aufstand. Das Tagebuch bezeugt es. Wenn die Welt noch ganz still und keusch in feierlicher Schönheit dalag, empfand er lebendig das homerische Wort von der »heiligen Frühe«. Auch hier formt sich seelische Erschütterung zu Versen:

»Früh, wenn Tal, Gebirg und Garten
Nebelschleiern sich enthüllen,
Und dem sehnlichsten Erwarten
Blumenkelche bunt sich füllen;

Wenn der Äther, Wolken tragend,
Mit dem klaren Tage streitet,
Und ein Ostwind, sie verjagend,
Blaue Sonnenbahn bereitet,

Dankst du dann, am Blick dich weidend,
Reiner Brust der Großen, Holden,
Wird die Sonne, rötlich scheidend,
Rings den Horizont vergolden.«

Genaueres über sein Leben in Dornburg geben die Briefe, die er hier geschrieben, darunter manche, die von der Schönheit eines lyrischen Gedichtes sind. Der fast Achtzigjährige war eben wieder ganz in poetischer Bewegung, wie immer, wo er so unmittelbar in und mit der Natur lebte wie hier. Rückhaltlos spricht er sich zu den alten Freunden Zelter, Heinrich Meyer, Soret und Knebel aus. »Seit fünfzig Jahren,« schreibt er bereits am 10. Juli an Zelter, »hab' ich an dieser Stätte mich mehrmals mit ihm (dem Großherzog) des Lebens gefreut, und ich könnte diesmal an keinem Orte verweilen, wo seine Tätigkeit auffallend anmutiger vor die Sinne tritt.« Und nun schildert er, was Carl August für Dornburg alles getan, und deutlich spürt man zwischen den Zeilen die tiefe, fast behagliche Freude des Genusses an all dem Schönen, was hier Natur und Kunst in edlem Wettstreit bieten, ja, er malt förmlich, und das Bild, das so von Dornburg entsteht, ist so plastisch, daß selbst jemand, der Dornburg und seine Schlösser nie gesehen hat, sich dem Reiz der Darstellung nicht entziehen kann.

Ein völliges Kunstwerk ist der große Brief vom 18. Juli an

Friedrich August v. Beulwitz, den Generaladjutanten des neuen Großherzogs Carl Friedrich. In ihm erscheint die ganze Dornburger Zeit in poetischer Verklärung — das Tagebuch nennt ihn ja auch die »reflexive Relation meines hiesigen Aufenthalts«. Das lange und ausführliche Schreiben beginnt mit jenem alten Distichon, das über dem Portal des Stohmannschen Freiguts in den Stein gemeißelt ist; den lateinischen Worten läßt Goethe gleich die Übersetzung folgen:

> »Freudig trete herein und froh entferne dich
>   wieder!
> Ziehst du als Wanderer vorbei, segne die Pfade
>   dir Gott.«

Und er schildert dann, wie er nach Verlauf von einigen Tagen und Nächten der Trauer sich ins Freie gewagt und begonnen hat, die Anmut dieses »wahrhaften Lustorts« still in sich aufzunehmen:

»Da sah ich vor mir auf schroffer Felskante eine Reihe einzelner Schlösser hingestellt, in den verschiedensten Zeiten erbaut, zu den verschiedensten Zwecken errichtet. Hier, am nördlichsten Ende, ein hohes, altes, unregelmäßig weitläufiges Schloß, große Säle zu kaiserlichem Pfalzlager umschließend, nicht weniger genugsame Räume zu ritterlicher Wohnung. Es ruht auf starken Mauern, zu Schutz und Trutz. Dann folgen später hinzugestellte Gebäude, haushälterischer Benutzung der umherliegenden Feldbesitzer gewidmet.

Die Augen an sich ziehend aber steht weiter südlich, auf dem solidesten Unterbau, ein heiteres Lustschloß neuerer Zeit zu anständigster Hofhaltung und Genuß in günstiger Jahreszeit. Zurückkehrend hierauf an das südliche Ende des steilen Abhanges, finde ich zuletzt das alte, nun auch mit dem Ganzen vereinigte Freigut wieder, dasselbe, welches mich so gastfreundlich einlud.

Auf diesem Weg nun hatte ich zu bewundern, wie die bedeutenden Zwischenräume, einer steil abgestuften Lage gemäß, durch Terrassengänge zu einer Art von auf- und absteigendem Labyrinthe architektonisch auf das schicklichste verschränkt worden, indessen ich zugleich die sämtlichen übereinander zurückweichenden Lokalitäten auf das vollkommenste grünen und blühen sah. Weithingestreckt, der belebenden Sonne zugewendete, hinabwärts gepflanzte, tiefgrünende Weinhügel; aufwärts, an Mauergeländern, üppige Reben, reich an reifenden, Genuß zusagenden Traubenbüscheln; hoch an Spalieren sodann eine sorgsam gepflegte, sonst ausländische Pflanzenart, das Auge höchstens mit hochfarbigen, am leichten Gezweige herabspielenden Glocken zu ergötzen versprechend; ferner vollkommen geschlossen gewölbte Laubwege, einige in dem lebhaftesten Flor durchaus blühender Rosen, höchlich reizend geschmückt; Blumenbeete zwischen Gesträuch aller Art.

Konnte mir aber ein erwünschteres Symbol geboten werden? deutlicher anzeigend, wie Vorfahr und Nachfolger, einen edlen Besitz gemeinschaftlich festhaltend, pflegend und genießend, sich von Geschlecht zu Geschlecht ein anständig bequemes Wohlbefinden emsig vorbereitend, eine für alle Zeiten ruhige Folge bestätigten Daseins und genießenden Behagens einleiten und sichern? ...

Von diesen würdigen landesherrlichen Höhen sehe ich ferner in einem anmutigen Tal so vieles, was, dem Bedürfnis des Menschen entsprechend, weit und breit in allen Landen sich wiederholt. Ich sehe zu Dörfern versammelte ländliche Wohnsitze, durch Gartenbeete und Baumgruppen gesondert; einen Fluß, der sich vielfach durch Wiesen zieht, wo eben eine reichliche Heuernte die Emsigen beschäftigt; Wehr, Mühle, Brücke folgen aufeinander, die Wege verbinden sich auf und ab steigend. Gegenüber erstrecken sich Felder an wohlbebauten Hügeln bis an die steilen Waldungen hinan, bunt anzuschauen nach Verschiedenheit der Aussaat und des Reifegrades. Büsche hier und da zerstreut, dort zu schattigen Räumen zusammengezogen. Reihenweis auch den heitersten Anblick gewährend seh' ich große Anlagen von Fruchtbäumen; sodann aber, damit der Einbildungskraft ja nichts Wünschenswertes abgehe, mehr oder weniger aufsteigende, alljährlich neu angelegte Weinberge.

Das alles zeigt sich mir wie vor fünfzig Jahren, und zwar in gesteigertem Wohlsein, wennschon diese Gegend von dem größten Unheil mannigfach und wiederholt heimgesucht worden. Keine Spur von Verderben ist zu sehen, schritt auch die Weltgeschichte hart auftretend gewaltsam über die Täler. Dagegen deutet alles auf eine emsig folgerechte, klüglich vermehrte Kultur eines sanft und gelassen regierten, sich durchaus mäßig verhaltenden Volkes ...

Nun aber sei vergönnt, mich von jenen äußern und allgemeinen Dingen zu meinen eigensten und innersten zu wenden, wo ich denn aufrichtigst bekennen kann: daß eine gleichmäßige Folge der Gesinnungen daselbst lebendig sei, daß ich meine unwandelbare Anhänglichkeit an den hohen Abgeschiedenen nicht besser zu betätigen wüßte, als wenn ich, selbigerweise dem verehrten Eintretenden gewidmet, alles, was noch an mir ist, diesem wie seinem hohen Hause und seinen Landen von frischem anzueignen mich ausdrücklich verpflichte.«

Goethe selbst hat diesen Brief, der eben mehr als ein Brief, der eine Konfession, eine Dichtung ist, zusammen mit einer Zeichnung jenes Schloßportals aufbewahrt, und Eckermann erzählt in seinen Gesprächen mit Goethe ergreifend, wie dieser ihm im März 1831 Brief und Zeichnung gezeigt, wie tief beides auf ihn gewirkt und wie der greise Dichter es dann wieder in einer besonderen Mappe fortgelegt hat, »um beides für die Zukunft zu erhalten«.

Goethe hätte nicht Goethe sein dürfen, wenn nicht die Einsamkeit, die er in Dornburg suchte, schließlich illusorisch geworden wäre. Alle Welt besuchte ihn hier, und vielleicht hat er deshalb die Morgen- und Abendstunden so geliebt, weil er da wirklich allein war und sich ganz den geliebten Naturstudien widmen konnte. Es entspricht aber seinem Wesen, das auch Anregung durch geistigen Gedankenaustausch in Wort und Schrift brauchte, daß er über die vielen Besuche keineswegs ungehalten war.

Auch darüber plaudert der ihn die ganze Zeit über betreuende Hofgärtner sehr hübsch in seinem kleinen Büchlein. Kam die Schwiegertochter mit Eckermann und den Enkeln von Weimar herüber, so war er sogar froh und überließ sich ganz dem großväterlichen Behagen. Reizend schildert Eckermann selbst so einen Besuch (»Er schien sehr glücklich zu sein,« meint der Getreue) und läßt dann Goethe selbst reden: »Ich verlebe hier so gute Tage wie Nächte. Oft vor Tagesanbruch bin ich wach und liege im offenen Fenster, um mich an der Pracht der jetzt zusammenstehenden drei Planeten zu weiden und an dem wachsenden Glanz der Morgenröte zu erquicken. Fast den ganzen Tag bin ich sodann im Freien und halte geistige Zwiesprache mit den Ranken der Weinrebe, die mir gute Gedanken sagen, und wovon ich auch wunderliche Dinge mitteilen könnte. Auch mache ich wieder Gedichte, die nicht schlecht sind, und möchte überall, daß es mir vergönnt wäre, in diesem Zustande so fortzuleben.«

Aber auch Besuche anderer Art erfreuten ihn. So brachte Soret den jungen Erbgroßherzog zu ihm, die Herzöge von Wellington erwiesen ihm ihre Reverenz, und mit dem Kanzler von Müller mag er, vielleicht ein wenig wehmütig,

Erinnerungen an entschwundene Zeiten ausgetauscht haben. Fast immer hatte er, wie Sckell als getreuer Chronist erzählt, sechs bis zehn Personen zu Tisch, und oftmals hat es den braven Hofgärtner Mühe genug gekostet, ein Menü zusammenzustellen, das Goethe befriedigte. Denn so wenig Goethe für sich selbst benötigte, so große Ansprüche stellte er, wenn es galt, Gäste zu bewirten.

Und so kam der Tag, da er sich wieder von Dornburg trennen mußte ... auch den Greis rief noch die Pflicht.

Es war mittlerweile Herbst geworden, die Rosen waren verblüht, und auf die geliebte Bacchantin im Garten hinter dem kleinen Schloß sanken schon die ersten welken Blätter. Das Wetter war auch nicht mehr recht beständig, und das Tagebuch meldet immer häufiger Nebel und Regen. Trotzdem ist ihm der Abschied schwer geworden. Denn die Tage, die er in Dornburg verlebt hat, gehören zu den innerlich reichsten seines Alters. Das Abschiedsdistichon, das er dem lateinischen Portalspruch von 1608 nachempfunden hat, deutet ergreifend den Zustand seines

Innern:

»Schmerzlich trat ich hinein, getrost entfern' ich
mich wieder;
Gönne dem Herren der Burg alles Erfreuliche
Gott.«

Tagelang wird gepackt. »Versuchte mich immer wieder
abzulösen,« seufzt er im Tagebuch noch einen Tag vor der
Abreise. Am 11. September verläßt er dann endlich
Dornburg. Am gleichen Tage noch ist er in Weimar
eingetroffen, »rüstig und ganz braun von der Sonne«, auch
heiter und freien Gemüts, erzählt Eckermann; »blickte man
aber tiefer, so konnte man eine gewisse Befangenheit nicht
verkennen, wie sie derjenige empfindet, der in einen alten
Zustand zurückkehrt, der durch mancherlei Verhältnisse,
Rücksichten und Anforderungen bedingt ist.«

Noch zweimal war Goethe in Dornburg, 1829 und 1830.
Beide Male im August. Fremde begleiteten ihn. Das letztemal
mußte der Hofgärtner Sckell wieder für ein Mittagsmahl im
kleinen Schlößchen sorgen, es gab sogar Sekt. Beim
Abschied hielt Goethe lange die Hand des treuen Mannes,
mit dem ihn Erinnerung an schönste Zeit verband ... trübe
Ahnung bedrängte beider Herz. »Dort oben sehen wir uns
wieder!« waren Goethes letzte Worte.

Noch einmal umfing das große strahlende Auge,
rückwärts gewandt, die geliebte Landschaft, als der Wagen
die Landstraße auf Jena zurollte, dann nahm eine
Wegbiegung den Blick. Als Traum nahm Goethe mit in die
Ewigkeit hinüber, was so oft ihm Entzücken im Leben
gewesen.

Bei den Toten Weimars

»Dann, scheiden sie von diesem heil'gen Ort,
Wird als Geleitspruch sie umschweben
Das tapfre, siegesfreud'ge Wort
Des, der ein Kämpfer war: Gedenkt zu leben!«
Paul Heyse

»Lange leben heißt viele überleben.« So der alte Goethe an Zelter, als dessen Sohn stirbt. Das Wort ist berühmt. Der skeptische Seufzer eines Vielerfahrenen, um den schon die dünne Luft der Einsamkeit schwankt, und also Maxime, die Weltanschauung prägt. Es fröstelt einen. Und an gleicher Stelle, wo dies »leidige Ritornell« erklingt, heißt es müde weiter: »Mir erscheint der zunächst mich berührende Personenkreis wie ein Konvolut sibyllinischer Blätter, deren eins nach dem anderen, von Lebensflammen aufgezehrt, in der Luft zerstiebt ...«

Eine fast mephistophelische Erkenntnis!

Doch ein anderes Wort des Greises loht aus den schweren Schatten dieser Melancholie wie Fanal hervor. Wieder gilt es Zelter, dem Getreuen. 1830. August, den Sohn und Erben, hat in Italien der Tod ereilt, der einem unseligen Leben Ziel setzte. Trost wehrt Goethe ab. »Prüfungen erwarte bis zuletzt!« schreibt er, seltsam gefaßt und ruhig, nach Berlin. Satz für Satz des Briefes entschwebt im gleichen getragenen Ton. Bis plötzlich das Feuer dieses Herzens noch einmal in steiler Flamme aufschießt und in dem Schlußwort: »Und so, über Gräber, vorwärts!« Trauer sich wandelt zu heroischer Geste.

Geht man in Weimar zu den Plätzen, wo die Toten ruhen, so werden diese Goethe-Worte seelische Begleitmusik dem Wege, den man schreitet.

Zwei solcher Plätze hat Weimar.

Da es noch die kleine, weltverlorene Residenz, deren kaum gekanntem Namen nur der wilde Ruhm des Herzogs Bernhard im Dreißigjährigen Kriege flüchtigen Klang gegeben, trug man die Toten der Stadt auf den Jakobsfriedhof. Den winkeln noch heute Gassen so eng ein, daß ihn nur findet, wer ihn sucht. Steht man auf der Höhe über Weimar, vor dem Prunkbau des Museums, dann sieht man hinter der alten Asbach-Talmulde wohl den schwarzen Turm der Jakobskirche spitz und schlank aus dem braunen Dächergewirr steigen ... mit den Türmen von Schloß und Stadtkirche weithin uraltes Wahrzeichen der Stadt. Aber kaum betritt man diese selbst, so verschwindet er, Häuserzeilen fangen das Auge, und vor Straßenbahn und Auto verkriecht sich das Gestern, als ob es nicht stören wollte.

So tot ist es in Weimar nirgends wie hier auf diesem Friedhof. Fachwerk und Giebelwand, draus schläfrig halbblinde Fenster blinzeln, ein Stift, ein karger Garten über bröckelnder Mauer — das ist der ärmliche Rahmen einer Stätte, wo ganze Geschlechter den letzten Schlaf fanden, noch jetzt auf Stein und Säulenstumpf Namen von Glanz prunken.

Einst hürdeten Mauern den Platz. Eine »Totengasse« mit schmaler Pforte führte zu ihm. Die Mauern sind gefallen, als neue Zeit den Hügelwirrwarr der Vergangenheit einebnete, Licht und Luft schuf, wo Trauerweide und Rosenstock sich im Laufe von Jahrhunderten zu undurchdringlicher Wildnis verstrickt hatten ... ja, die Mauern sind gefallen, und der Weg der Toten heißt jetzt weniger triste die Kleine Kirchgasse. Aber die Kirche steht wie ehedem, da man sie, Anno 1712, in schmucklosem Barock neu aufbaute, schwer wuchten ihre Quadern aus dem Rasenboden, schwer lastet das gebrochene Dach auf ihren steilen Pfeilern. Und auch der Gräber hat man etliche geschont. Verstreut liegen sie in die Kreuz und Quer.

Und wie man so von einem Grab zum andern geht, hier an einem völlig eingesunkenen Hügel verweilt, dort versonnen die verwitterten Steinplatten betrachtet, die verloren an der Kirchenmauer lehnen, naht Erinnerung und schlägt in Bann.

Denn wurde hier nicht, ein Maiabend war's, und nie hätten, wie Caroline von Wolzogen erzählt, die Nachtigallen »so anhaltend und volltönend« gesungen wie in dieser Nacht, Schiller beigesetzt? Verse Conrad Ferdinand Meyers klingen auf:

> »Ein flatternd Bahrtuch. Ein gemeiner
> Tannensarg
> Mit keinem Kranz, dem kärgsten nicht, und
> kein Geleit!
> Als brächte eilig einen Frevel man zu Grab.
> Die Träger hasteten. Ein Unbekannter nur,
> Von eines weiten Mantels kühnem Schwung
> umweht,
> Schritt dieser Bahre nach. Der Menschheit
> Genius war's.«

Schrecklich! Man sieht den dünnen, im Fackellicht gespenstisch schwankenden Zug in der finsteren »Totengasse«, sieht, ganz in dunklen Schatten, das »Kassengewölbe« an der Mauer, das mit schwarzem Tore wartet ... ungeduldig wartet, nur wieder zufallen zu können hinter dem »gemeinen Tannensarg«. Man sieht das, derweilen man vor der Marmortafel grübelt, die da, wo bis 1853 das »Kassengewölbe« stand, in die Mauer eingelassen ist. Und die in steifen Lettern nüchtern erzählt, daß hier Schillers erste Begräbnisstätte.

Nun ruht er ja in der Fürstengruft. 1825, zwanzig volle Jahre später, nur noch Schädel und nacktes Gebein, dorthin gebracht, als man schon kaum mehr am zerfallenen und vermoderten Sarg feststellen konnte, ob es auch wirklich sein Schädel, wirklich sein Gebein war, die am ehrte, Goethe im »ernsten Beinhaus« erst den richtigen Schädel an seiner »geheimnisvollen Form«, an der »gottgewollten Spur« herausfinden mußte.

Das Kassengewölbe auf dem St. Jacobsfriedhofe

Diese zwanzig Jahre sind für das Weimar Goethes und Carl Augusts ein böses Rätsel. Wie war das möglich? Hatte Knebel recht, der einmal an seine Schwester Henriette schreibt: »Es ist sündlich, wie man in Weimar mit den Toten umgeht; über Personen, die wirkliche Verdienste für sich und die Gesellschaft hatten, habe ich acht Tage nach ihrem Tode auch nicht einen Laut mehr reden hören!« Knebel meint, 1802, Corona Schröter. Aber das Vergessen, das diese in Ilmenau begrub, hielt auch die Pforte des »Kassengewölbes« auf dem Jakobsfriedhof geschlossen ... ein Vergessen, das um so unverständlicher, als der Weimarer Hof doch Sonntag für Sonntag hier an den Gräbern vorbei zum Gottesdienst schritt, da die Jakobskirche zugleich Hofkirche war.

Es war im Oktober 1806. Der Krieg war über Weimar dahingegangen. Goethe hatten im eigenen Hause Marodeure attackiert, Christiane, damals noch Demoiselle Vulpius, hatte ihm durch Geistesgegenwart das Leben gerettet. Dankbar machte er sie auch vor der Welt jetzt zu dem, was sie, seines August Mutter, für ihn selbst schon längst war: zu seiner Frau.

In der Jakobskirche war die Trauung. In der Sakristei. Hart daneben an der Mauer, für alle, die zur Sakristei gingen, nicht zu übersehen, das »Kassengewölbe«. Wenig mehr als ein Jahr war es her, daß Schiller hier beigesetzt. Wenig mehr als ein Jahr, daß Goethe an Zelter geschrieben: »Ich glaubte, mich selbst zu verlieren, und verliere einen Freund und mit ihm die Hälfte meines Daseins.« Wenig mehr als ein Jahr, daß er den Toten in seinem »Epilog zur Glocke« in Lauchstädt schwärmend gefeiert. Aber nichts deutet darauf hin, daß ihm die triste Gruft, armselig und würdelos wie die Bestattung, die ihr »der Menschheit Genius« zugeführt, je gerührt ... auch nicht, da er, Christiane am Arm, hier zur Trauung schritt. »Der Lebende hat recht!« heißt es im »Faust«. Goethe sah die Gestorbenen nur noch als Scheinbilder, die er, der Realist, negierte, so sehr er sie auch bedauerte und betrauerte.

Tragisches Geschick, daß die, die hier in später Trauung Erfüllung ihrer Lebensträume fand, zur gleichen Stätte als Tote kehrte! Auch sie bestattet, als ob sie irgendeine beliebige Bürgersfrau und nicht Christiane von Goethe, eines Goethe Frau und Exzellenz gewesen. Wenn heute wenigstens Eisengitter und Steinplatte den Platz schmücken, wo sie seit 1816 still und alleine ruht (höchstens gleicher Erde mit ein paar ihrer kleinen totgeborenen oder schnellgestorbenen Kinder), so ist das Liebesdienst von Goethe-Freunden. Mann, Sohn und Enkel fanden nie den Weg ... der Mann, dem sie ein Menschenalter Hausfrau und rührendste Geliebte, der bei ihrem Tode ergreifend klagte, daß der ganze Gewinn seines Lebens wäre, ihren Verlust zu beweinen; der Sohn, dem sie die beste Mutter und Freundin; die Enkel, die doch auch ihres Blutes.

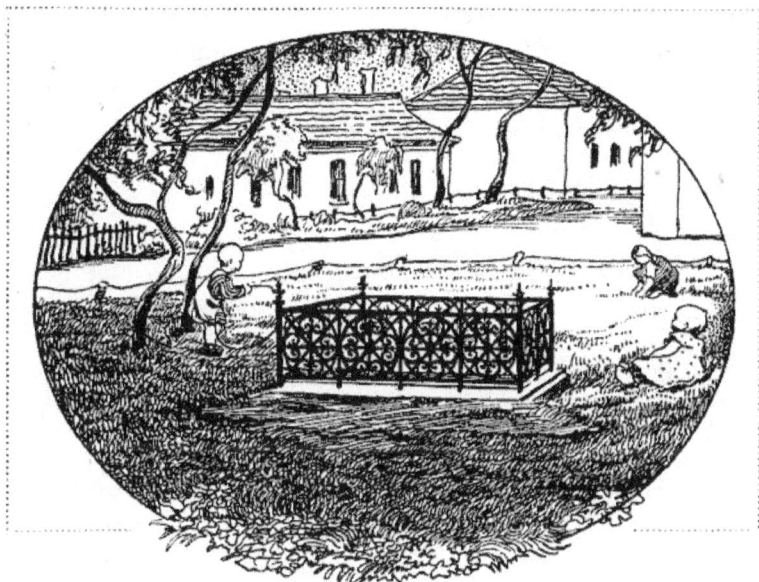

Arme Christiane! Da hat man alle die, die zur Familie Goethe gehören, auf anderem Friedhof sorglich vereint, selbst die fremden Frauen, die August, der Sohn, durch seine Heirat in diese Familie hineingeführt; da hat man deines eigenen Gatten Sarg neben den Särgen von Herzögen und Herzoginnen in fürstlicher Gruft aufgestellt ... nur dich hat man vergessen. Das ist Feme und ist Unrecht noch über den Tod hinaus!

Denn du warst doch seine Frau!

Aber ob Frühling oder Sommer, ob Herbst oder Winter, nie flattert eine Blume auf dein kaltes Grab, und daß sich jemand über das Gitter lehnt und mit dir leise Zwiesprach hält, dir liebe Worte zuruft, den dunklen Stein, der deinen Namen trägt, mit Blicken streichelt, ich fürchte, es geschieht nicht oft. Höchstens der Wind, der durch Weimars enge Straßen läuft, der bringt dir vielleicht zuweilen einen Gruß, weht Schmeichellaut dir zu und Kuß vom fernen Garten am Stern, wo du, ein »loses, leidig-liebes Mädchen«, einst in römisch-schwüler Nacht von Goethe den Sohn empfangen. Da mag vielleicht dann auch das Rauschen der Ilm an dein schlafendes Ohr dringen, und mit ihm die Stimme des Freundes. Alt ist das Lied, das diese Stimme singt, und traurig ist es auch. Wie geht es doch?

> »Fließe, fließe, lieber Fluß!
> Nimmer werd' ich froh,
> So verrauschte Scherz und Kuß
> Und die Treue so.«

Die Bäume über dir, sie fangen den Klang auf. »Und die Treue so!« klagt das Echo. Die Kinder, die in wildem Spiele hier über die Gräber toben, überlärmen es. Und der Wind der Gasse fegt Unrat zusammen, wo Rosen blühen sollten.

Noch eine andere Christiane liegt auf dem Sankt-Jakobsfriedhof begraben, auch eine Goethesche. Christiane Becker, geb. Neumann. Euphrosyne hat Goethe sie genannt, als Euphrosyne hat er die kleine, blutjung gestorbene Schauspielerin unsterblich gemacht in unsterblichem Liede. So eine Schwester der Corona, ist sie wie diese Gestalt in den Werken: Mignon, — Mädchen und lieblichstes Kind und auch »verstellter Knabe«. Oder, wie das Gedicht an anderer Stelle will:

> »Knabe schien ich, ein rührendes Kind, du
>   nanntest mich Arthur
> Und belebtest in mir britisches Dichter-Gebild
>   ...«

Ein Goethe-Geheimnis umschwelt das bescheidene Grab. Auch hier Stein und Gitter, nichts weiter. Aber die darunter schläft, Gattin und Mutter wider Willen, sie ward nicht vergessen. Liebe gab ihr Anno 1800 im Park, auf dem Rosenhügel des Rothäuser Gartens, eine Säule mit Inschrift. Heinrich Meyer entwarf sie, der Bildhauer Döll führte sie aus: Genien im Tanz, die Spitze lodernde Flamme. Als der Parkteil Privatbesitz wurde, die Besitzer eigensüchtig die Säule vor fremdem Blicke bargen, ließ Wildenbruch sie kopieren. Mit neuen Versen von ihm steht sie nun auf dem Hügelhang neben Goethes Garten am Stern, von Efeu umhäkelt, von wilden Veilchen und, kommt der Herbst, von Herbstzeitlosen umblüht ... ein süßes, trauriges Lied, das Monument geworden.

Stein auch die anderen Gräber des Jakobsfriedhofs, Zopf und Empire in Stil und Schnörkel. Mühsam entziffert man die Lettern. Da ruht Georg Melchior Kraus, der Maler, dem halb Weimar sein Bildleben in Stich und Aquarell dankt, Freund und Reisebegleiter Goethes. Da Johann Joachim Christian Bode, der Übersetzer: »Freunde setzten ihm dies Denkmal, dem Leser zur Erinnerung, für sie bedurfte es keines.« Musäus, der Märchendichter. Und ein ganz Großer: Lukas Cranach. Der Stein lehnt an der Kirchenmauer, eine Nachbildung. Das Original findet man in der Stadtkirche ... in der uralten Stadtkirche zu St. Peter und Paul auf dem Herderplatz, deren schönster Schmuck das Altargemälde Lukas Cranachs, deren Allerheiligstes die Gruft Anna Amalias. Und ein paar Schritte ab unter der Orgelempore, die ihres Freundes Herder. So mischen sich in Heiligenlegende und Fürstenhistorie, hier seit Jahrhunderten gehütet in magischem Dämmer, die »Stimmen der Völker in Liedern«, denen der Fromme sein Leben lang begeistert gelauscht.

Auch er liegt hier allein, fern der Frau, die ihm Gefährtin und Mutter so vieler Kinder war. Wer das Grab Caroline Flachslands sucht, muß zurück zum Jakobsfriedhof ... ohne es wahrscheinlich dort zu finden. Denn es ist eins der vielen namenlos gewordenen Gräber, grasverwachsen, eingesunken der Hügel, und die Inschrift des Steins haben die vielen Kinderfüße verwischt, die hier jahraus, jahrein darüber hinwegtollen: junges Leben, das der Majestät des Todes nicht achtet und Haschen spielt, wo dem Wissenden Trauer das Auge verschleiert.

Nachts, wenn der Mond die Giebel der Häuser mit Silberlicht beträufelt, geht zwischen den Gräbern hier die Vergangenheit spazieren. Rückt hier an einem schiefgewordenen Stein, legt dort einen frommen Kranz nieder. Die Bäume seufzen. Doch naht der Morgen, der Sonne bringt, verfliegt der Spuk, und die Steine liegen wieder schief, und die Kränze sind verschwunden.

Bis 1840 etwa brachte Weimar noch Tote auf den stillen Kirchplatz. Aber schon 1818 wurde der »Neue Friedhof vor dem Frauentor« eröffnet, oben am Poseckschen Garten, wo jetzt in Anlagen das Wildenbruch-Denkmal steht ... und so modern Anlagen und Denkmal sind, das braune Posecksche Haus dahinter, ganz die Zeit um 1800, dämpft das Heute, ist der abgelegenen Gegend Kulisse der Vergangenheit und ein Stück Goethe-Welt, die das Gestern beschwört.

Und Goethe-Welt ist dieser Friedhof, nun schon lange wieder zum »Alten Friedhof« geworden. Verwittert die Mauer, angerostet die Gittertore. Bäumchen und Sträucher von einst Wipfelgebirge und üppig wucherndes Gebüsch. Die schwanke Trauerweide, die man dem ersten Toten, der hier 1818 bestattet wurde, einem Schauspieler Eulenstein, auf den Grabhügel gesetzt hat, ist Riesenbaum geworden, der weithin über andere Gräber schattet. Bei diesen Gräbern wohnt die letzte Stille, wohnt die Vergessenheit. Hier hört das Leben Weimars auf.

Hört es auf? Beginnt es nicht erst?

Durch die Baumwipfel fällt schräg die Abendsonne. Sie vergoldet das Kreuz auf der Fürstengruft. Es gibt nicht nur der schattendunklen Allee Licht, die zu Coudrays schönem Bau führt, es leuchtet Deutschland und der Welt. Denn hier ruht Goethe. Flüsterlaut der Grabkapelle wird Andacht und Schweigen in der Gruft. Wie kühl Wand und Gewölbe! Wie dünn die Luft! Und doch atmet man schwer, atmet beklommen; es ist, als ob der Takt des Herzens fürchte, in all den stummen Särgen Echo zu wecken.

Welke Kränze. Schleifen. Kandelaber, die Krepp umflort. Steil darauf die Kerzen. Blumen, die im Vergehen duften ... Treue hat sie niedergelegt auf Goethes Sarg, auf Schillers

Sarg, auf Carl Augusts Sarg. Holz, Samt, Bronze, so stehen sie da, diese Särge, auf kaltem Steinpodest, von kaltem Stein umgeben. Nur die der beiden Dichter tragen Namen. Für die anderen gibt die Eintrittskarte, zugleich ein Orientierungsplan, stumm die Erklärungen. Und da findet man das ganze Weimarische Fürstenhaus, von Herzog Wilhelm IV., dem Stammvater, bis auf Carl August und Luisen, Carl Friedrich und Maria Paulowna, Carl Alexander und Sophie. Großherzöge, Erbgroßherzöge, Herzöge und Prinzen und ihre Frauen ... eine ganze erlauchte Dynastie.

Und mitten unter ihnen, mehr als sie alle von Gottes Gnaden Königliche Hoheit: GOETHE.

Es ist sein Name, den das goldene Kreuz der Kuppel in die Welt brennt, es ist sein Gebein, das diese Gruft heiligt, es ist sein Geist, der von hier aus unablässig »über Gräber vorwärts« dringt und immer neuen Segen spendet.

Noch drei andere Kreuze schimmern hell in der Abendsonne. Gleich hinter der Fürstengruft. Auf drei Zwiebeltürmchen. Auf dem höchsten das russische mit dem zweiten schrägen Querbalken. Das ist die Russische Kapelle, ganz in Grün versteckt, ganz von Gräbern bis dicht an die Mauern umbrandet, 1858 für die tote Maria Paulowna gebaut, die dem Glauben ihres Vaterlandes treu geblieben war. Da steht ihr Sarg nun an geweihter Stätte und doch nahe dem des Gatten in der Fürstengruft: Carl Friedrichs, und ruft der Jüngste Tag, an den sie beide glaubten, dann können sie aus ihren Sarkophagen Hand in Hand zum Licht emporsteigen, die russische Kaisertochter und der deutsche Fürst, dem zuliebe sie einst die Heimat geopfert.

Dann gesellen sich vielleicht auch Treue aus den Gräbern zu ihr. Ihr halber Hofstaat liegt ja hier. Ihre Oberhofmeisterin zum Beispiel, die Gräfin Ottilie Henckel von Donnersmarck, Ottilie v. Pogwischs Großmutter, der unweit eine feierliche Steinkammer letzte Ruhestätte ist. Oder andere, Hofdamen und Kammerfrauen ... das russische Kreuz kehrt immer wieder, zuweilen in gleichem Gitter dem unsrigen auf zweitem Grab vereint, wo dann Gatten verschiedener Konfession ruhen.

Und wie man durch die Gräberreihen geht, hier vorsichtig ein morsches Holzkreuz meidend, das schon wieder Erde werden will, dort von verwittertem Stein die Efeuranken hebend, um die Inschrift zu enträtseln, bedrängt Vergangenheit immer stärker das Herz. Eine tote Zeit steht

237

auf. Namen klingen, die in Büchern ewiges Leben; der ganze Goethe »berührende Personenkreis« ist hier Hügel an Hügel, Mal für Mal versammelt.

Da gleich neben der Fürstengruft der Obelisk gilt Eckermann. Carl Alexander hat ihn »seinem Lehrer in dankbarer Erinnerung errichtet«. Und »Göthes Freund« ... wie die andere Seite meldet. Auch Johanna Eckermann, die Frau, geb. Bertram aus Hannover, ruht hier auf dem Alten Friedhof. Sie hatte, eine alternde Braut, lange gewartet, ehe der ewig unentschlossene Bräutigam sie nach Weimar holte ... vielleicht war auch Goethe schuld, der Eckermann für sich allein haben wollte. Es ist auch nur ein kurzes Glück gewesen: 1834 schon starb Johanna, und da störte niemand mehr den Eckermann, ganz seinem Goethe zu leben.

Da liegen an der Mauer, hart an der Straße, einträchtig beieinander Pius Alexander Wolf, der Schauspieler, Riemer und seine Frau Caroline, geb. Ulrich (die Uli, Christianens muntere Gesellschafterin), Carl Augusts Leibarzt Dr. Huschke, die Schauspieler Eduard Genast und Carl Ludwig Oels. Auch Heinrich Meyer liegt hier mit seiner Frau, Goethes alter Freund und langjähriger Hausgenosse am Frauenplan, der »Kunschtmeyer«, wie man ihn spöttelnd nannte ... und gewiß erzählt die Historie manche Schnurre von ihm; aber sie weiß auch, daß er den Tod Goethes nicht verwinden konnte und ihm wenige Monate später nachstarb, weiß, daß er ein Philanthrop war, dem »das dankbare Weimar« das hübsche Denkmal setzte, das hier an ihn erinnert.

Gegenüber ein schlichter Stein auf flachem Hügel: Christine Kotzebue aus Wolffenbüttel, geb. Krüger, des berühmten Kotzebue Mutter, die Frau von Anna Amalias Kabinettssekretär ... aber während der schon 1765 starb, hat sie bis 1828 gelebt. Und hat also Ruhm, Schande und sogar den häßlichen Tod des »großen« Sohnes erlebt und überlebt: welch ein Mutterschicksal!

Drüben die andere Mauer aber, hinter der der »Neue Friedhof« beginnt, ist stärkere Lockung. Alt-Weimar hat hier zunächst seine Geschlechtertafeln: die Ludecus und Coudray, die Conta und Buchwald, die Falk und Kirms, die Thon und Swaine ... schlichte schwarze Eisentafeln mit goldenen Buchstaben, einfach in die Mauer eingelassen, mit der sie nun, efeuübersponnen, fast eins. Aus Johannes Falks, des Waisen- und Kinderfreundes, Grab wächst eine riesige Linde hervor: »Unter dieser grünen Linden / Ist durch Christus frei von Sünden / Herr Johannes Falk zu finden ...« betet einfältig-rührend die Steinplatte. Und dankbar denkt man seines »Kriegsbüchleins«, das so hübsch »Weimars Kriegsdrangsale in dem Zeitraum von 1806 bis 1813« schildert.

Auch die Familie Mieding hat hier ihren Platz ... man weiß: Goethes Gedicht »Auf Miedings Tod«; aber der »gute Mann«, den der junge Goethe so gepriesen, der liegt hier nicht, lag wohl an der Jakobskirche; es sind Nachfahren, die an ihn mahnen.

Und hier an der Mauer auch das Grab oder die Grabstellen, um deretwillen Fremde von weit her kommen: Charlottens und das der Familie Goethe. Alltag verfliegt, steht man davor, und Frauenplan und Ackerwand bauen aus längst verflogenen Stunden Glückes wie Leides Zauberwelten auf. Die Goethe Gesellschaft hat Frau von Stein dies Denkmal errichtet: in Sandsteinumrahmung das

Marmormedaillon mit dem zarten, etwas schwermütigen Kopf Charlottens. Darüber der Goethesche Stern. Das Ganze ein wenig steif, ein wenig förmlich — unsinnlich, wie die, der es Erinnerung. Wind macht sich auf, und die Bäume ringsum rauschen. Selbst der Efeu rauscht. Da fängt das Ohr vertrauten Laut:

>>Sag', was will das Schicksal uns bereiten?
Sag', wie band es uns so rein genau?
Ach, du warst in abgelebten Zeiten
Meine Schwester oder meine Frau ...<<

Der Goethe von 1776. Zehn Jahre, und das Glück (das nie ein Glück gewesen, höchstens ein Schein-Glück) zerbrach. Freundschaft versuchte, als der Lebensabend nahte, die Scherben zu kitten. Aber als man die Tote, letztem Willen ungehorsam, an den Frauenplanfenstern vorübertrug, verbarg sich der, dem sie in abgelebten Zeiten Schwester oder Frau.

Iphigeniens Seele. Eleonorens. Charlotte in den >>Wahlverwandtschaften<<. Die Gräfin im >>Wilhelm Meister<<. Briefgeliebte wie keine andere deutsche Frau und, in Stunden des Rausches, vielleicht auch Glück den heißen Sinnen. Nun ein starres Medaillon aus kaltem Stein, Augen, die ins Leere blicken, die suchen und nie mehr finden. Denn der Goethe der Fürstengruft, ein allem Irdischen Entrückter, blickt von ihr weg nach Osten. Das >>Alles um Liebe<< tönt seinem Ohr nicht mehr.

Es tönt nur uns.

Daneben Goethes Familie. Fünf flache Hügel ... jeder Bourgeois-Hügel auf großstädtischem Massenfriedhof zeigt mehr Prunk. Aber über diesen fünf Hügeln liegt in der

Mauer, die die Namensplatten trägt, in Tempelnische die
süße Mädchengestalt, die selbst Flüchtige fesselt: Alma, des
Dichters Enkelin. Am Frauenplan lächelt, rosengeschmückt,
die Lebende: Luise Seidlers Bild; hier schläft sie, Marmor
geworden. Ja, schläft sie? Atmen diese Kinderbrüste nicht?
Will sich die Hand, die den Maiblumenstrauß hält, nicht
bewegen? Der schmale Fuß nicht das Lager verlassen?
Traum macht die Lider schwer. Nein, sie ist tot. Dieser
Busen birgt kein lebendiges Herz. Diese Hand wird nie mehr
mit Blumen spielen. Dieser Mund sich nie mehr zu frohem
Lachen öffnen.

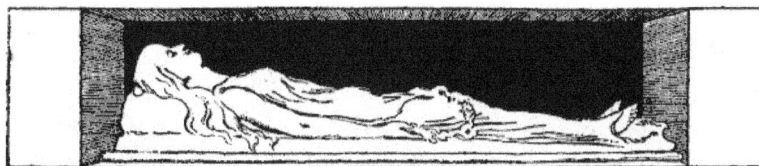

Unstet fuhr sie durch die Welt, da sie lebte, von der
Mutter, die im Taumel Ruhe suchte, hin- und hergerissen.
Starb sechzehnjährig und frühreif 1844 in Wien am Typhus.
Wurde in Währung begraben, 1895 in Weimar »zur letzten
Ruhe bestattet«, und erst 1910 erhielt sie das Denkmal, das
bis dahin am Frauenplan im Keller gestanden ... welch' eine
Fülle von wilden Schicksalen! Das Blut des Vaters, das noch
über den frühen Tod hinaus Abenteuer und Fluch bedingte?
Kaum. Den Ottilie v. Pogwisch liebte, da sie Alma empfing,
war nicht August von Goethe, sondern einer der vielen
Engländer, die damals nach Weimar drängten zu der
schönen Frau v. Goethe. War Charles Des Voeux, ein junger
Schotte. Aber der Mutter unruhiges Blut prägte dieses
bittere Mädchenlos.

Ja, Ottilie v. Pogwisch, nun bist auch du längst zur Ruhe
gegangen. Daß Goethe in deinen Armen gestorben, ist dein
Ruhm. Ihm verdankst du Unsterblichkeit. Friedlich liegst du
hier mit Mutter und Kindern ... eine Unglückliche unter
Unglücklichen. Deines Mannes Grab in Rom überschattet

die Pyramide des Cestius, italienische Zypressen schwanken darum, wenn der heiße Südwind weht. Deine Söhne, deine Tochter aber hat der Tod dir wieder an das Herz gelegt, unter dem sie einst verhängnisvoll keimten ... alle krank und lebensfremd, unfroh der Bürde des Namens, die sie zeitlebens drückte.

»Mit ihm erlosch Goethes Geschlecht, dessen Name alle Zeiten überdauert,« meldet Walthers Stein. Ja. Der Morgenstern, der dieses Namens Symbol, wird ewig leuchten. Sein Glanz umstrahlt auch die, die unter seinem Lichte litten und die geblendeten Augen in dem Dämmer der Dachstuben am Frauenplan verbargen ... die Freiherren waren und doch so wenig frei, so wenig Herr, nur arme Menschen.

Über das eiserne Gitter gelehnt, blickt man auf ihre Gräber, und die Seele, trauervoll bewegt, schickt Gebete in die Fernen, die keiner kennt.

Und weiter. Namen über Namen, jeder irgendwie mit Goethe verknüpft. Es ist erschütternd, wie weit der Umkreis dieser Welt noch im Grabe. Laßberg, Pappenheim, Beulwitz, Egloffstein, Wolfskeel — der Adel Weimars. Auch die »kleine Waldner« fehlt nicht, Luise Adelaide v. Waldner, wie Frau v. Stein Hofdame der Herzogin Luise. Und nur allzu oft der eifersüchtigen Charlotte ein Dorn im Auge, wenn sie ihren Freund von dem immer lachlustigen, koketten Persönchen gefesselt glaubte. Tragikomisch auch eine Tagebuchstelle Goethes von 77: »Abends Kronen und Herzog bei Laiden ertappt« ... Krone die Schröter, und Laide die Waldner, und das Ganze der Anfang vom Ende: denn selbst mit einem Herzog teilte Goethe nicht, wo er liebte. Mein Gott, wie lange ist das her! Doch weiter: da ein Wieland! Carl, der Sohn, großherzoglicher Rechnungsrat. »Kein Dichter war des großen Dichters Sohn.« Man denkt an das enge, kinderreiche Haus gegenüber dem Wittumspalais, denkt an Oßmannstedt. Da Luise Seidler, die Malerin aus Jena, von Goethe väterlich betreut. Kersting hat sie als »Stickerin am Fenster« gemalt, ein berühmtes Bild; die Kaiserin Augusta war ihre Schülerin. Auch ein Vulpius-Grab weckt Erinnerungen: Rinaldo und Bianca ... Rinaldo, der Sohn von Christianens Bruder; er trägt den Namen des »Helden«, dem sein Vater im Roman zu so traurigem Ruhm verhalf. Andere Gräber: Bonaventura Genelli, Johann Nepomuk Hummel, Hufeland, der Arzt, Dr. Heinrich Goullon, der Ratsmädelfreund, Schwerdgeburth, der Maler oder, wie der Grabstein will: Hofkupferstecher. Sein Goethe-Kopf, der beste, den es gibt, schwebt unsichtbar als Denkmal über dem bescheidenen Erbbegräbnis. Und ganz in der Nähe das Müllersche: ein einziges Efeubeet. Hier ruht der Kanzler v. Müller, einer der treuesten Freunde, die Goethe, einer der besten Diener, die Carl August hatte. Nichts erinnert an ihn als auf rostiger Eisentafel der Familienname. Und die »Unterhaltungen«. Die allerdings sind dauernder als Tafeln aus Erz oder Stein.

Derweilen ist es Abend geworden. Der Himmel schimmernder Opal, in dem schon, leicht wie Flaum, der Mond schwimmt. Schatten schwanken um die Gräber. Eine alte Dame, ganz in Schwarz, zittrig und gebückt, Vergißmeinnicht in der welken Hand, täuscht Vergangenheit, die hier bei den Toten ihr Leben von gestern sucht. Ist es Adelheid v. Schorn, die mit der tiefen Pietät der Greisin aus Jugenderinnerungen und zwei Menschenaltern das »nachklassische Weimar« aufgebaut? Nein, die hat hier auch schon ihre letzte Ruhe gefunden: die Urne auf mütterlichem Grab, von frommem Kranz umwunden, ist Denkmal, das an sie gemahnt. Oder ist's das Gomelchen, Isebies Böhlaus Großmutter? Auch die ist ihrem Freunde Budang schon in den Tod gefolgt ... Röse hieß sie, da sie jung war, und war eins von den lustigen Ratsmädeln aus der »Wünschengasse«, über deren tolle Streiche Goethe und der Herzog so oft gelacht. Und auch Charlotte Krackow ist es nicht, die bis zu ihrem späten Tode anno 15 in dem schönen Kirmsschen Hause in der Jakobsgasse gewohnt und noch Goethe gekannt, die letzte übrigens, die ihn gekannt. Denn die ruht auf dem »Neuen Friedhof«. Es wird wohl die Erinnerung selbst sein, die hier im Abend gespenstert, ruhig und gelassen, wie man in Weimar eben gespenstert!

Denn jetzt ist es fast dunkel geworden. Nur vom »Silberblick« her fliegt noch ein wenig Licht des entsunkenen Tages über die Baumwipfel, erhellt notdürftig die Wege, die ganz in stummem Schweigen liegen. Auch die Vögel sind stille geworden, die unbekümmert um die Stätte der Trauer, die ihnen Zufall als Heimat gegeben, den ganzen langen Tag über der Sonne und dem Leben zugejubelt. Kühl weht es über die Gräber. Wo ist die alte Dame geblieben? Wo das Kreuz der Fürstengruft? Hart fällt das Gitter hinter dem späten Besucher ins Schloß, verdrossen riegelt der Friedhofswärter zu. Nacht umfängt die Toten Weimars.

Und da klingt noch einmal das Wort des alten Goethe auf. »Und so, über Gräber, vorwärts!« Trost, der ins Leben zurückgeleitet, das freundlich aus erhellten Fenstern auf Weimars Gassen und Plätze lächelt. Mond und Sterne wandern am Himmel mit. Und die Brunnen rauschen. Sie rauschen wie vor hundert Jahren, da noch der alte Goethe ihrer Zaubermelodie gelauscht.

Inhalt

Tiefurt und Wittumspalais	Seite	1
Die Reisen in den Harz	"	23
Ilmenau	"	40
Das »Mährchen« von Pyrmont	"	58
Donnerstag nach Belvedere	"	80
Advent von Achtzehnhundertsieben	"	103
Herbsttage in Heidelberg	"	125
Die drei Schlösser Dornburg	"	142
Bei den Toten Weimars	"	167

Geschrieben in den Jahren 1919—1921

Gedruckt in Herbst 1921 von Velhagen & Klasing in Bielefeld unter Verwendung der »Frühlingsschrift« von Rudolf Koch. Umschlagzeichnung und Einband von Dorothea Hauer. Hundert Exemplare wurden auf Hadernpapier abgezogen, numeriert und in Leder gebunden.

www.ingramcontent.com/pod-product-compliance
Lightning Source LLC
Chambersburg PA
CBHW020855270326
41928CB00006B/721